Wiftherlin Leon

Une Vision Apostolique pour la Saison

Wiftherlin Leon

Une Vision Apostolique pour la Saison

Une Vision pour un Changement

Éditions Croix du Salut

Impressum / Mentions légales
Bibliografische Information der Deutschen Nationalbibliothek: Die Deutsche Nationalbibliothek verzeichnet diese Publikation in der Deutschen Nationalbibliografie; detaillierte bibliografische Daten sind im Internet über http://dnb.d-nb.de abrufbar.
Alle in diesem Buch genannten Marken und Produktnamen unterliegen warenzeichen-, marken- oder patentrechtlichem Schutz bzw. sind Warenzeichen oder eingetragene Warenzeichen der jeweiligen Inhaber. Die Wiedergabe von Marken, Produktnamen, Gebrauchsnamen, Handelsnamen, Warenbezeichnungen u.s.w. in diesem Werk berechtigt auch ohne besondere Kennzeichnung nicht zu der Annahme, dass solche Namen im Sinne der Warenzeichen- und Markenschutzgesetzgebung als frei zu betrachten wären und daher von jedermann benutzt werden dürften.

Information bibliographique publiée par la Deutsche Nationalbibliothek: La Deutsche Nationalbibliothek inscrit cette publication à la Deutsche Nationalbibliografie; des données bibliographiques détaillées sont disponibles sur internet à l'adresse http://dnb.d-nb.de.
Toutes marques et noms de produits mentionnés dans ce livre demeurent sous la protection des marques, des marques déposées et des brevets, et sont des marques ou des marques déposées de leurs détenteurs respectifs. L'utilisation des marques, noms de produits, noms communs, noms commerciaux, descriptions de produits, etc, même sans qu'ils soient mentionnés de façon particulière dans ce livre ne signifie en aucune façon que ces noms peuvent être utilisés sans restriction à l'égard de la législation pour la protection des marques et des marques déposées et pourraient donc être utilisés par quiconque.

Coverbild / Photo de couverture: www.ingimage.com

Verlag / Editeur:
Éditions Croix du Salut
ist ein Imprint der / est une marque déposée de
OmniScriptum GmbH & Co. KG
Bahnhofstraße 28, 66111 Saarbrücken, Deutschland / Allemagne
Email: info@editions-croix.com

Herstellung: siehe letzte Seite /
Impression: voir la dernière page
ISBN: 978-3-8416-1961-7

Copyright / Droit d'auteur © 2016 OmniScriptum GmbH & Co. KG
Alle Rechte vorbehalten. / Tous droits réservés. Saarbrücken 2016

Une Vision Apostolique pour la Saison

Leon Wiftherlin

Remerciements et Dédicaces

Quand je pense à ce que j'ai été, à ce que je suis et au processus par lequel j'ai dû passer pour le devenir, je n'arrive pas à contenir les flots de remerciements qui débordent de mon cœur pour mon Seigneur et Sauveur Jésus-Christ.

Lui qui m'a connu d'avance, m'a prédestiné et m'a appelé, m'a aussi distingué d'une manière dont ni mon humble famille, ni ma très modeste éducation, ni l'argent ne sauraient me distinguer. Je dédie ma vie entière à sa cause, lui qui m'a donné la vie, la respiration, le mouvement et l'être.

Je dédie également ce livre à mon épouse Enagella D. Léon, et à mes deux garçons que j'adore Métuschaël et Samuel Léon auxquels j'adresse mes remerciements les plus sincères et chaleureux pour ce qu'ils représentent pour moi.

Je remercie également ma chère mère Paulène Etienne Léon, à qui je dédie aussi ce livre, qui a su être une mère pour moi, dans les contextes difficiles où je grandissais en Haïti. Rien que pour m'envoyer à l'école et me donner à manger, elle a dû accepter de se sacrifier elle-même. Elle a enduré des choses que je ne pourrais décrire ici, mais que seule une vraie mère peut supporter, sans se lasser.

C'est par son exemple que j'ai pu apprendre à ne pas transiger avec ma conscience, sans être pourtant intégriste, et à me battre pour réaliser mes rêves.

Mes erreurs du passé l'ont beaucoup fait souffrir, mais elle n'a jamais cessé de m'aimer, de me supporter et d'être là pour moi.

Je remercie mes filles et mes fils spirituels pour avoir été des fils, partageant la vision de leur père. Leur amour, leur affection et leur solidarité, n'ont pas été estompés dans les moments difficiles que nous avons vécus ensemble, ou quand les autres m'abandonnaient, me critiquaient et m'humiliaient. Sans leur intercession, leur soutien moral et financier, je n'aurais jamais pu écrire ce livre, qui va bénir cette génération. Je remercie le Seigneur de me les avoir donnés. Cet ouvrage leur est particulièrement dédié.

Je me dois de remercier le Pasteur Maîgnant Roosevelt, de l'église de Dieu de la victoire Révélation divine, pour avoir été le premier à reconnaitre ma vocation apostolique. Son collège d'anciens et lui ont prié pour moi, m'ont imposé les mains le 11 Avril 2010. Mon ministère apostolique a commencé dans son assemblée, qui a été la première à reconnaitre mon apostolat. Je lui remercie aussi pour ses conseils multiples qui m'ont beaucoup aidé dans ma vie privée comme dans mon ministère. Cet ouvrage lui est aussi dédié.

Je remercie l'Apôtre Jn-Edouard Salomon, visionnaire du mouvement évangélique vision d'une réforme, en Haïti. Il a aussi reconnu la grâce apostolique que j'ai reçue du Seigneur. Il m'a toujours conseillé et encouragé. Il est comme un père pour moi. J'avais connu un moment terriblement difficile dans mon ministère, dû à ma jeunesse... Il m'avait reçu et aidé.

Je remercie la Prophétesse Danielle Lauzon, visionnaire de l'Eglise Connexion Divine de St-Jérôme au Québec, que le Seigneur dans son amour, m'a permis de rencontrer. Il l'a établie sur ma vie comme ma mère spirituelle, et c'est aussi une très bonne amie. Elle n'imagine pas combien elle est importante pour moi. Ses conseils, ses encouragements, ses prières m'ont apporté tant de choses...

Je remercie l'Apôtre Patrick Isaac visionnaire du Ministère PQL et du Réseau ACTION de Montréal au Québec, qui, dès notre première rencontre à Port-au-Prince, avait retenu mon attention et mon affection. On s'est rencontré plusieurs fois où il m'a béni de ses conseils et de ses livres. Cet ouvrage a été possible en partie grâce à sa bénédiction.

Je remercie le Pasteur Serge Gravel de Montréal au Québec, que la providence de Dieu m'a aussi permis de rencontrer via internet. J'ai pu apprendre à mieux le connaitre quand il était venu en Haïti en Novembre 2014. Le voir en personne n'a fait que confirmer l'idée que je m'étais faite de lui : un serviteur de Dieu rempli d'amour et d'humilité, pensant aux autres, et se souciant beaucoup de l'état spirituelle de l'Eglise de cette génération.

Je remercie aussi le pasteur Elicien Alcena, visionnaire de la Nouvelle Eglise de Dieu en Jésus-Christ du Cap Haïtien, qui m'a toujours soutenu, conseillé. Il a également contribué énormément `a la publication de cet ouvrage. Je le dédie, ainsi qu'`a tous les membres de la nouvelles Eglise de Dieu en Jésus-Christ.

Je ne peux ne pas remercier l'Evêque Surin Gerson, représentant national de la Convention des Eglises de Dieu d'Ephèse en Haïti. Cet homme de Dieu, dont la sagesse et la bienveillance m'ont tellement inspiré.

Je remercie M. Jean Benito Maurice, Directeur Général de Maurice Communication, qui m'a appris à parler et à écrire correctement la langue française. La rédaction de cet ouvrage en français, a été possible parce que j'ai été à Maurice Communication.

Je dédie ce livre à M. Maurice et à toute l'école.

Je remercie enfin mes amis bien-aimés :

Sabine M. Religieux

Raphael René

Stéphanie Gaspard Cadet

Boon Louijuste

Dieuphète Beltiné

Frantzo Beltiné

Et tous ceux dont les noms ne figurent pas ici, mais qui m'ont aidé d'une manière ou d'une autre à faire de ce rêve une réalité.

Témoignages

Dans *Actes 2 v 47a*, il est écrit : « *Et le Seigneur ajouta chaque jour à l'Eglise ceux qui étaient sauvés.* » Il est évident que personne ne peut faire partie de l'Eglise, sans que le Seigneur ne l'y ajoute. L'appartenance à une congrégation « chrétienne » n'octroie pas forcément l'appartenance à l'Eglise de Christ.

Avant de vraiment connaitre Christ, je faisais partie d'une dénomination. J'y occupais plusieurs postes : monitrice, secrétaire... je travaillais beaucoup dans ces secteurs-là, sans vraiment me rendre compte que mon travail ne plaisait qu'aux hommes. Le Seigneur, dans sa miséricorde avait envoyé une servante pour me parler et me faire comprendre que je vivais dans l'illusion, et que tout mon travail était simplement futile. J'avais des postes, sans être en communion avec Dieu ; j'avais des postes, sans avoir une vie sanctifiée, quoique **j'en aie eu** l'envie.

Le Seigneur est saint. Une vie pour lui doit donc être vécue dans la vérité, dans la sainteté et dans la charité.

Amis lecteurs, ce que vous vous apprêtez à lire dans « **Une vision apostolique pour la saison** » est une bénédiction envoyée par Dieu pour l'Eglise de cette saison. Cette vision m'a libérée, et m'a transformée. Elle fera de même pour vous qui allez la lire, si vous la comprenez, la croyez et la recevez.

Par cette vision, j'ai pu savoir que le Seigneur m'avait destinée aux ministères prophétique et d'évangélisation, auxquels j'ai été ordonnée en Juin 2012, par mon père spirituel l'Apôtre Wiftherlin Léon. C'est lui qui m'a engendrée, me permettant de saisir la révélation de mon identité spirituelle, de la place et de la fonction qui me sont assignées dans le Corps de Christ. Aujourd'hui, combien d'apôtres, de prophètes, d'évangélistes et de docteurs se sont suicidés dans leur ministère en acceptant un prétendu pastorat ; combien de saints avaient un don de prophétie ou d'exhortation et, parce qu'ils « prêchent » bien, sont devenus pasteurs, sans pourtant avoir été appelés à ce ministère.

Cette vérité qui a transformé, restauré et montré la voie à plus d'un. L'ouvrage « **une vision apostolique pour la saison** » va commencer à vous montrer les anciens sentiers, la bonne voie. Surtout, ne soyez pas rebelles, marchez-y. Commencez par vous poser des questions comme : qui suis-je réellement en Christ ? Suis-je à ma vraie place dans le Corps ? C'est capital pour vous chers lecteurs, de peur que vous n'échouiez, comme moi j'ai failli échouer. Par la grâce du Seigneur qui a donné à son visionnaire cette « **vision apostolique pour la saison** », j'ai pu me découvrir spirituellement et trouver ma place dans le Corps. Maintenant, je fais partie de l'équipe apostolique de l'Apôtre Wiftherlin, travaillant dans l'intercession, et comme une fille avec son père spirituel. Shalom !!!!!!!!!!!!!!!

Nicole Zidor

Nous vivons dans un monde où la confusion s'installe dans toutes les sphères de la vie : sociale, politique et même spirituelle. Cela n'est pas du tout étonnant, puisque le dieu de ce siècle a aveuglé les hommes. Ce qui est vraiment étonnant, c'est que l'Eglise de Jésus-Christ, devant le rôle de lumière du monde, est elle-même aveuglée sur des points importants. La révélation des paroles de Dieu éclaire. Quand donc il y a peu de révélation il y a peu de lumière ; quand il n'y a point de révélation il n'y a point de lumière. Les chrétiens de cette génération ont un manque flagrant de révélation sur ce qu'est l'Eglise ; sur ce qu'elle a ; sur son fondement ; sur sa structure ; sa vision et sa mission.

Ils ont aussi un manque de révélation sur l'identité de Christ et sur leur propre identité. J'étais de leur nombre quand Dieu m'a arrêté sur la route de l'ignorance menant au gouffre de la perdition, par l'éclat de la lumière révélatrice émise au travers de son serviteur l'Apôtre Wiftherlin Léon. En effet cette lumière a chassé les ténèbres qui cachaient mon identité, et continue de le faire. Cet homme qui m'a engendré en Christ et dont je suis le fils, a accompli en moi, par la grâce qui lui a été donnée par Dieu, le travail mentionné par Paul dans *2 Corinthiens 10v5* : *« Nous renversons les raisonnements, et toute hauteur qui s'élève contre la connaissance de Dieu, et nous amenons toute pensée captive à l'obéissance de Christ »*.

Il a renversé les raisonnements que le monde et le système religieux avaient érigés dans mon esprit, et m'a amené à comprendre que je ne peux pas être n'importe qui, que je ne dois pas être celui que la société veut que je sois. Celui que je dois être est défini dans le plan de Dieu pour ma vie ; mon identité se trouve en Christ. Je suis un enfant de Dieu grâce à Jésus-Christ que j'ai reçu et en qui j'ai foi ; prédestiné et appelé au ministère doctoral, pour être de ceux qui font et qui feront briller la flamme de la saine doctrine là où les ténèbres des fausses doctrines se sont imposées. J'ai pu apprendre que je ne me suffis pas, n'étant qu'un membre du Corps, et que j'ai besoin des autres. L'Esprit Saint, qui m'a libéré de la sagesse des hommes en m'enseignant graduellement la sagesse de Dieu, est la source d'inspiration de ce livre.

Vous qui comprenez déjà les points qui sont traités dans ce livre, soyez certains que l'Eglise de Jésus-Christ brillera dans cette saison, car le Seigneur reviendra chercher une Eglise glorieuse. Vous qui êtes confus, qui avez l'esprit obscurci à propos des points traités dans ce livre, lisez-le, et, dans votre esprit, QUE LA LUMIERE SOIT !!!!!!!!!

Dave Ashley Séjour

Introduction

Dès l'année 2008, où le Seigneur avait commencé à me donner des profondeurs dans la révélation de l'Eglise, écrire à ce sujet a toujours été l'un de mes plus grands désirs. Car je voulais à tout prix partager ce que le Seigneur me donnait pour l'Eglise de cette saison. Pourtant, je m'en abstenais, afin que je m'assure d'abord que je maitrisais vraiment les révélations qu'il me donnait.

En effet, l'un de nos plus grands problèmes en cette saison, c'est que beaucoup trop de personnes se mettent à enseigner (et/ou à prêcher) sans même en avoir reçu du Seigneur la grâce, oubliant cet avertissement : « *Mes frères, qu'il n'y ait pas parmi vous un grand nombre de personnes qui se mettent à enseigner... (Jac. 3 v 1)* ». Et ceux qui en ont reçu la grâce, refusent par orgueil ou par manque de sagesse, de prendre le temps qu'il faut pour maîtriser la révélation de la parole du Seigneur, avant même de la prêcher ou de l'enseigner. En conséquence, nous avons une Eglise qui ne boit que de l'eau sale, et ne se nourrit que d'aliments souillés. L'Eglise est donc forcément malade.

L'ignorance de notre génération, et le fait que les traditions religieuses, les théologies, et les sentiments de certains remplacent la parole de Dieu, font de ce siècle un siècle d'apostasie, et l'Eglise est, par voie de conséquence, complètement mondanisée.

Je n'ai pas d'autres choix que de suivre Christ. Mon intention n'est pas de troubler les gens, mais d'obéir aux obligations que le mandat du Seigneur m'a faites. Je suis convaincu qu'il est urgent, en cette saison, de recommencer à bâtir l'Eglise sur la parole du Seigneur. **L'Eglise doit être restaurée dans la vision primitive, et retrouver son administration primitive.**

Je constate avec peine que les gens ne comprennent pas cela. Ils ne veulent rien savoir, leurs traditions leur suffisent. Par contre, la fin de toute chose est proche, nous devons donc être suffisamment « *sages et sobres pour vaquer à la prière* », afin de pouvoir distinguer la vérité de l'erreur, et de saisir la vision divine et scripturaire de ce temps prophétique que nous vivons. L'apostasie aveugle l'Eglise, alors que la prophétie devient histoire. Voilà ce qui explique l'indifférence et le matérialisme laodicéens de l'Eglise de cette génération.

En cette saison, il y a urgence chers lecteurs ! Il est urgent de comprendre et d'accepter que l'Eglise de Jésus-Christ n'a jamais été ni baptiste, ni pentecôtiste, ni quoi que ce soit d'autre, mais elle a toujours été *APOSTOLIQUE.* Elle est apostolique dans *sa vision*, dans *sa mission*, dans *son fondement*, dans *sa structure*. Le Seigneur ne connait pas le principe de dénomination. Il n'est pas de Dieu, mais des hommes. L'Eglise doit donc se réveiller et briser ces liens religieux et traditionnels qui la tiennent captive, et affectent sa véritable nature ainsi que sa puissance, pour être restaurée et rétablie dans *la révélation et dans la vision*, dans *la grâce et dans l'onction*, et retrouver ainsi, sa *vraie* pertinence dans le monde.

Pour des raisons de temps et de cultures, l'Eglise s'est fait mondaniser à tous les points de vue. Alors, en cette saison, le Seigneur relâche une parole apostolique et prophétique, pour que l'Eglise comprenne, par la révélation, qu'il y a des choses dans l'Eglise qui transcendent toute génération et toute culture, c'est-à-dire qui ne peuvent et ne doivent ni être touchées, ni être affectées, par le temps ou par la divergence des cultures. Elles sont données à l'Eglise pour demeurer et transcender toute génération et toute culture.

Il y a des choses dans l'Eglise que le Seigneur a remises au soin de l'homme -*les apôtres et les prophètes, à qui le mystère de Christ a été révélé*- mais également des choses au sujet desquelles il s'est réservé le droit de décider.

Les apôtres de Christ n'ont pas décidé du fondement de l'Eglise, ...*sur cette pierre je bâtirai mon Eglise... (Matt. 16 v 18)*. Après en avoir reçu la révélation, ils n'avaient pour mandat que de la poser. Ce qu'ils ont fait avec fidélité : *Vous avez été édifiés sur le fondement des apôtres et des prophètes, Jésus-Christ lui-même étant la pierre angulaire (Ep. 2 v 20) ; selon la grâce qui m'a été donné, j'ai posé le fondement comme un sage architecte, et un autre bâtit dessus. Mais que chacun prenne garde à la manière dont il bâtit dessus. Car personne ne peut poser un autre fondement que celui qui a été posé, savoir Jésus-Christ (1 Cor. 3 v 10)*. Le Seigneur a décidé lui-même du fondement sur lequel devait s'édifiée l'Eglise. Et ce solide fondement reste debout, et transcende toute génération et toute culture *(2 Tim. 2 v 19)*.

Les apôtres de Christ n'ont pas non plus décidé de **la structure** de l'Eglise. Le Seigneur s'en était lui-même chargé. Il a organisé l'Eglise en donnant *les uns comme apôtres, les autres comme prophètes, les autres comme évangélistes, les autres comme pasteurs et docteurs...*, en vue d'une finalité, c'est-à-dire, d'**une vision** dont il a aussi décidé : ... *jusqu'à ce que nous soyons tous parvenus à l'unité de la foi et de la connaissance du Fils de Dieu, à l'état d'homme fait, à la mesure de la stature parfaite de Christ....* Cette structure de l'Eglise va au-delà des générations et au-delà des cultures, parce qu'elle doit travailler au *perfectionnement des saints en vue de l'œuvre du ministère et de l'édification du Corps de Christ, jusqu'à ce que....* Elle constitue les liens de l'assistance de Jésus, grâce auxquels *tout le Corps, bien coordonné et formant un solide assemblage, tire son accroissement selon la force qui convient à chacune de ses parties, et s'édifie lui-même dans la charité (Ep. 4 v 16)*. Le Seigneur a montré clairement qu'il lui était réservé à lui seul de décider de la structure et de la vision de l'Eglise, comme il l'a fait aussi de sa mission : *allez partout le monde, prêcher la bonne nouvelle à toute la création… (Mat. 28 20) ; Allez, faites de toutes les nations des disciples… (Marc 16 v 16).*

Définition de L'Eglise

Il est généralement reconnu que le mot Eglise trouve son origine dans le grec *Ekklesia*. Ce mot, composé de deux autres, ekk : hors de, et Kaleo : appelé, signifie **appelé hors de**. Avant même que le Seigneur utilisât ce mot pour la première fois dans le chapitre 16 de l'évangile selon Matthieu, au verset 18, il existait déjà chez les grecs, et avait un sens pour eux. Ils s'en servaient pour parler d'une assemblée séparée et capable de légiférer pour la société. C'était une assemblée puissante, avec des personnes puissantes. Elle était disciplinée, et composée d'hommes qui avaient le droit de citoyenneté. Donc, comprenez chers lecteurs que ce n'était pas sans raison que le Seigneur Jésus fit choix de ce mot pour prophétiser en parlant de son « *Eglise* ».

En effet, l'Eglise n'est ni un lieu de rencontre, ni une bâtisse, ni une organisation humaine, mais **la grande communauté des rachetés en Jésus-Christ**. Dans *Actes 2 v 47*, nous lisons : *... et le Seigneur ajoutait chaque jour à l'Eglise ceux qui étaient sauvés*. L'utilisation de ce mot, par le Seigneur, ainsi que par les écrivains du Nouveau Testament, a été faite pour distinguer la communauté des chrétiens du peuple juif et du monde, car **l'Eglise est appelée à sortir du monde,** pour aller ensuite vers lui, avec l'Evangile du Seigneur, cette *puissance de Dieu pour le salut de quiconque croit*.

Elle nous est présentée dans les Ecritures sous deux dimensions, une dimension spirituelle et universelle, et une dimension locale.

La dimension spirituelle

Dans la dimension spirituelle, nous voyons tous ceux qui sont sauvés en Jésus-Christ, que le Seigneur ajoute à son Eglise *(Actes 2 v 47)*, sans aucune considération géographique ou ethnique ; car ils viennent de toute tribu, de toute langue, de tout peuple et de toute nation *(Apo. 5 v 9)*. Quand le Seigneur avait déclaré qu'il allait bâtir son Eglise, il faisait allusion à cette dimension.

Il y a plusieurs images que le Seigneur Jésus lui-même, et les premiers apôtres ont utilisées pour parler de l'Eglise dans sa dimension spirituelle et universelle. Quelquefois, ils utilisent l'image d'un royaume ; d'autres fois, l'image d'une épouse ; en outre, celle d'un Corps dont Christ est la tête etc. Mais toutes soulignent la même réalité sous des formes différentes : **la complète dépendance de l'Eglise à Christ**. De même que dans un royaume c'est le roi qui dirige, de même que le mari est le chef de la femme, de même que les membres du corps ne peuvent rien faire sans que la décision ne soit prise dans la tête et par la tête, Christ est celui de qui l'Eglise dépend, celui à qui elle doit être entièrement soumise.

La dimension locale

Dans la dimension locale, nous voyons les saints d'une région ou d'une ville qui se réunissent dans un endroit quelconque pour l'adoration et l'édification mutuelle. *Il y avait dans l'église d'Antioche... (Actes 13 v 1).*

Dans les débuts de l'Eglise, il n'y avait qu'une seule église dans chaque ville. Puis, en raison de l'accroissement du nombre des croyants, il y aura plusieurs assemblées dans une même ville. Mais c'était toujours l'Eglise de la ville. Comme à Jérusalem, où il y avait plusieurs assemblées qui se réunissaient dans des maisons, mais elles étaient toutes connues comme *l'église de Jérusalem ... Il y eut en ce jour-là une grande persécution contre l'Eglise de Jérusalem... (Actes 8 v 1).*

En fait, l'Eglise n'est pas une entreprise humaine ; elle n'est ni un ONG, ni un club à but social. En bonne santé, elle ne ressemble à aucune autre organisation créée par l'homme, tout simplement parce qu'elle n'est pas de l'homme.

Il est donc obligatoire de retourner aux Ecritures pour savoir exactement ce que pense et veut le Seigneur de son Eglise. Il ne faut absolument pas faire montre de négligence en cela, de peur de travailler en vain aujourd'hui et pour l'éternité. Car, bâtir l'Eglise du Seigneur Jésus-Christ sans suivre son propre plan, c'est précisément le faire avec *du bois, du foin et du chaume, et ceux-là seront brulés à la fin (1 Cor. 3 v 12-15).* Quand nous ignorons le dessein de Jésus-Christ pour son Eglise et le remplaçons par nos propres idées et visions, nous rendons futile notre travail. Il nous incombe donc l'obligation de réfléchir d'après les Ecritures et apostoliquement à ce que l'Eglise est réellement.

En effet, le Seigneur veut utiliser son Eglise pour démontrer sa sagesse et sa gloire aux non-croyants et aux puissances spirituelles invisibles *(Ep. 3 v 10 ; Jn. 13 v 34, 35).* L'Eglise est une demeure collective pour l'Esprit de Dieu *(Ep. 2 v 19-22 ; 1 Cor. 3 v 16, 17),* le Corps organique de Christ par lequel il manifeste sa gloire *(Actes 9 v 4 ; 1 Cor. 12).*

L'Eglise est originale et unique. Son originalité et son unicité se retrouvent ***dans sa vision, dans sa mission, dans son fondement et dans sa structure***. Ces quatre éléments sont donc "transgénérationnels" et transculturels ; ils font l'unité de l'Eglise au-delà des générations et des cultures, la soutiennent et la maintiennent. De cette unité de l'Eglise, dépend toute sa force et toute sa puissance, et ainsi, sa capacité à atteindre les objectifs que le Seigneur avait pour elle dès le départ.

Une Eglise, Une Vision

En considérant la façon dont les premiers apôtres ont parlé de l'Eglise, on peut remarquer que l'Eglise est beaucoup plus qu'un groupe de personnes, se réunissant dans une bâtisse pour accomplir des actes religieux, comme chanter, prier, donner la dîme et faire des offrandes.

C'est le Seigneur Jésus-Christ qui avait prophétisé l'Eglise, et il n'avait pas prophétisé une Eglise sans vision, mais une Eglise ayant pour mandat de développer et d'accomplir sa vision (*la vision du Seigneur*) dans le monde. Il a dit « *Je bâtirai mon Eglise* ». Il avait clairement une vision, que l'Eglise devait représenter parfaitement dans le monde, afin dis-je, d'***être le Christ prolongé dans l'histoire***, accomplissant ses œuvres, reflétant sa sainteté, et témoignant de son amour et de sa puissance.

Jésus est donc le **Grand Visionnaire** de l'Eglise. Les apôtres et les prophètes sont des visionnaires parce que la vision du Seigneur leur a été communiquée, dans des proportions différentes et avec des orientations différentes pour l'Eglise, afin de la développer non seulement, mais aussi d'en faire la transmission aux saints de toutes les générations. C'est pourquoi, la présence des apôtres et des prophètes dans l'Eglise est indispensable dans toutes les générations et dans toutes les cultures, comme le Seigneur l'avait toujours voulu.

Il y a un besoin incessant de ministère apostolique dans l'Eglise. Car, le Seigneur a établi ***dans l'Eglise premièrement des Apôtres…***. Ils sont les visionnaires établis pour veiller de façon générale à la foi, à la vie, à l'unité et à l'action de l'Eglise, dans toutes les générations et dans toutes les cultures.

Les premiers Apôtres ont présenté et développé la vision de l'Eglise dans les Epitres sous forme d'enseignements, et en ont donné un **modèle de tous les temps**, communément appelé, ***L'Eglise primitive***.

Présentation de la Vision

Une vision est une fin visée, un but à atteindre, une projection dans l'avenir. Chaque institution a sa vision. Chaque gouvernement, même chaque famille devrait en avoir une, établie par le père de concert avec la mère, et soutenue par les fils (et les filles).

Le Seigneur Jésus, comme nous l'avions dit, n'a pas été sans vision quand il prophétisait l'Eglise. Au contraire, il avait vu son Eglise d'une certaine façon. Il l'avait vue comme un seul Corps bien coordonné ; comme un seul troupeau ; comme un seul peuple. Il l'avait vue comme étant une seule, unie, puissante et victorieuse, et non comme ce qu'elle semble être aujourd'hui, une entité faible, divisée entre leaders, races et dénominations. Le Seigneur Jésus n'avait pas non plus vu une Eglise primitive et une Eglise ultérieure, mais une seule Eglise. A ce propos, il a précisé deux choses. Premièrement, il la bâtirait lui-même : *« je bâtirai mon Eglise »*. Deuxièmement : *« les portes du séjour des morts ne prévaudront point contre elle »*.

Les portes de l'enfer auxquelles le Seigneur fait allusion sont les dominations de Satan. Jésus a dit qu'il bâtirait son Eglise et que Satan serait impuissant à la détruire. Mais aujourd'hui, quelle sorte d'Eglise connaissons-nous ? N'est-ce pas une Eglise qui ne reflète pas celle qu'avait prophétisée le Seigneur ? En effet, l'Eglise ne pourrait pas espérer vivre la richesse qui a été son partage dans sa jeunesse, parce que le Visionnaire avait fait des provisions rien que pour sa vision, et non pour soutenir la vision d'un homme qui souhaite s'enrichir, lui et sa famille. Il n'avait pas fait des provisions pour soutenir la vision d'un imposteur qu'il n'a jamais connu ni appelé. Il n'avait pas non plus fait des provisions pour soutenir la vision d'une dénomination *«chrétienne»*. Mais ses provisions ont été destinées pour l'accomplissement de sa propre vision, vision dans laquelle n'a jamais été présente une Eglise faible et disloquée telle que celle de cette saison.

Voilà pourquoi, ceux qui ne peuvent pas profiter des richesses provisionnelles de l'Eglise, et dont les ministères ne sont pas appuyés par les signes, les prodiges et les divers miracles ; et non plus par les dons du Saint-Esprit ; et qui ne peuvent pas aider ceux qui sont sous leur responsabilité à en bénéficier, à les connaitre et à les expérimenter, prétendent que ceux-là n'ont été donnés que pour *« l'Eglise primitive »*. D'autres, voyant que ce prétexte ne tient presque plus, ont recours à l'occultisme, à la magie et à la sorcellerie pour pouvoir produire des signes, et attirer les foules.

En effet, nous l'avons déjà dit, les structures "dénominationnelles" ne sont pas de Dieu, mais des hommes. Comme le fondement et la structure de l'Eglise, sa vision, la première vision, n'a jamais été "dénominationnelle", et elle ne le sera jamais. En fait, la première vision de l'Eglise n'aurait jamais due être touchée voire modifiée sous aucun prétexte. Voici quelques-unes des déclarations Bibliques touchant la vision de l'Eglise :

*« J'ai encore d'autres brebis qui ne sont pas de cette bergerie, celles-là, il faut que je les amène ; elles entendront ma voix, **et il y aura un seul troupeau, un seul berger**. (Jn. 10 v 16). »*

*« ... Et ce n'était pas pour la nation seulement ; c'était aussi **afin de réunir en un seul corps les enfants de Dieu dispersés**. (Jn. 12 v 52).*

*« Je leur ai donné la gloire que tu m'as donnée, **afin qu'ils soient un comme nous sommes un**. (Jn. 17 v 22).*

*« ...Car il est notre paix, lui qui des deux n'en a fait qu'un, et qui a renversé le mur de séparation, l'inimitié, ayant anéanti par sa chair la loi des ordonnances dans ses prescriptions, **afin de créer en lui-même avec les deux un seul homme nouveau** en établissant la paix, et de les réconcilier, l'un et l'autre **en un seul corps, avec Dieu par la croix, en détruisant par elle l'inimitié**. (Ep. 2 v 14-16). »*

*« ...vous efforçant de conserver l'unité de l'esprit par le lien de la paix. (Car) Il y a **un seul corps et un seul Esprit**, comme aussi vous avez été appelés à une seule espérance par votre vocation... (Ep. 4 v 3, 4). »*

L'Eglise doit à tout prix, je précise, à tout prix, être restaurée dans cette vision, la véritable vision apostolique, celle qui présente une Eglise où il n'y a ni juifs ni grecs, ni haïtiens ni dominicains, ni russes ni américains, ni sud-coréens ni nord-coréens, mais **des chrétiens**; une Eglise où il n'y a ni baptistes ni pentecôtistes, ni quoi que ce soit d'autre mais **des chrétiens uniquement**.

L'Église de Jésus-Christ, la véritable Église, fondée par notre Seigneur et Sauveur Lui-même, l'Église que l'Esprit Saint a établie et qu'il remplit, l'Église dont le Sauveur lui-même a dit : *« Je bâtirai mon Église et les portes de l'Enfer ne prévaudront point contre elle » (Mt 16, 18)*, elle est **Une**, **Sainte**, **Universelle** et **Apostolique**, gardienne et dispensatrice des richesses incompréhensibles de Christ, *« colonne et appui de la vérité » (1 Tm 3, 15)*. Elle porte en plénitude la responsabilité de diffuser la vérité de l'Évangile du Christ, de même que la plénitude du pouvoir de témoigner de la *« foi, transmise aux saints une fois pour toutes (Jd. 3) »*.

L'Église du Seigneur est une et unique. L'unité de l'Église consiste en ce qu'elle n'est qu'un seul corps, avec **une seule Tête, le Seigneur Jésus-Christ** *(Ep. 5, 3)*, et qu'en elle agit un seul Esprit Saint, vivifiant le Corps de l'Église et unissant tous ses membres au Christ comme à sa Tête.

L'unité de l'Église surpasse toute unité humaine et terrestre. Elle n'est pas un mouvement œcuménique, ni une association d'églises, ni une fédération. Mais elle est donnée d'en haut, comme un don parfait et divin. Les membres de l'Église sont unis en Christ, par lui-même, unis comme les sarments de la vigne, enracinés en lui et rassemblés dans l'unité de la vie éternelle et spirituelle.

L'unité de l'Église dépasse les barrières et les frontières, tant raciales que linguistiques et sociales. La bonne nouvelle du salut doit être annoncée à tous les peuples, afin de les ramener en un seul tout, de les unir par la force de la foi, par la grâce du Saint Esprit *(Mt 28, 19-20 ; Mc 16, 15 ; Actes 1, 8).*

L'Église est l'unité de ***l'Esprit par le lien de la paix*** *(Ep. 4, 3)*, la plénitude et le règne sans fin de la vie, de la grâce et de l'expérience spirituelle. Là où est l'Église, là est l'Esprit de Dieu, et là où est l'Esprit de Dieu, là est l'Église. Dans l'unité de la vie de la grâce réside la base de l'unité et l'invariabilité de la foi de l'Église.

L'Église a un caractère universel. Les églises locales distinctes, par lesquelles l'Eglise existe dans le monde ne diminuent point l'unité de l'Église; éclairée par la lumière du Seigneur, elle diffuse ses rayons par le monde entier; mais la lumière partout répandue doit être **une** et l'unité du corps reste la même. Cette lumière est le message, qui n'est qu'un et qui aurait dû demeurer un.

Une Eglise, Un Fondement

Aujourd'hui, partout dans le monde, il est question de dénominations. Mais, y en a-t-il qui se demandent quel en est le fondement ? Cette sagesse fait défaut à beaucoup de ceux qui professent la chrétienté aujourd'hui. Pourtant, ce système que nous connaissons tous a un fondement ; le baptisme a un fondement ; le pentecôtisme a un fondement, bref, le terme *dénomination*, au sens large, a son fondement.

Le fondement de chaque dénomination est de fait, sa propre théologie. La théologie, il faut le reconnaitre, est tout un système dont les différentes parties développées au cours de l'histoire constituent les fondements de chaque dénomination. C'est l'instrument efficace utilisé au cours des siècles par l'ennemi, pour fourvoyer l'Eglise et arnaquer ses véritables richesses, en la transformant même en une servante de Mammon. La théologie a contribué à l'échafaudage des systèmes de croyances et de traditions – *qui ont toutes supplanté la parole de Dieu* – des différentes dénominations, et par conséquent, à la formation *de plusieurs peuples « chrétiens » intégristes qui s'opposent à la révélation, refusent toute lumière et réforme, de peuples trop amis du statu quo.*

Il est combien important aujourd'hui que ceux qui se réclament de Christ sachent que le fondement de l'Eglise de Jésus-Christ n'a jamais été une théologie, mais une **REVELATION**, et que cela demeure. Il est écrit : *Vous avez été édifié sur le fondement des apôtres et des prophètes...* L'Eglise est clairement édifiée sur un fondement apostolique et prophétique. Ce fondement, ce ne sont pas les apôtres et les prophètes qui le constituent, mais ce sont eux qui l'ont posé. Ce fondement est une révélation, **la révélation du mystère de Christ**, qui n'a pas été manifesté aux fils des hommes dans les autres générations, ***COMME IL EST REVELE MAINTENANT PAR L'ESPRIT AUX SAINTS APOTRES ET PROPHETES DE CHRIST*** *(Ep. 3v5)*.

Quand le Seigneur eut questionné les disciples, leur demandant : *qui dit-on que je suis* ? Ils ont répondu, en citant les différentes croyances qui s'étaient développées à propos de lui : *les uns disent que tu es Jean Baptiste ; les autres Elie ; les autres Jérémie, ou l'un des prophètes (Matt. 16 v 14)*. Quatre courants s'étaient alors développés, et remarquez, qu'ils étaient tous théologiques. Ils auraient pu se développer à un tel point, qu'ils deviendraient plus tard quatre différents fondements de quatre différentes dénominations, ou de quatre différentes sectes. Ils croient tous au Seigneur Jésus, mais ils ne partagent pas la même foi. Ils croient tous qu'il vient de Dieu, mais ils ne croient pas la même chose à propos de sa personne, ni même de sa mission dans le monde. Le Seigneur Jésus n'a pas été le même pour eux.

Cela aurait pu développer quatre systèmes de croyances ou de doctrines. Car, puisque la foi vient de ce qu'on entend, tous ceux qui auraient entendu parler du Jésus Jean Baptiste croiraient en un Jésus Jean Baptiste, et de là tout un système de croyances et de doctrines aurait été échafaudé. Voilà ce qui aurait donné naissance à une dénomination, ou à une secte. De la même manière, tous ceux aussi qui auraient entendu parler du Jésus Elie croiraient en un Jésus Elie, et de là tout un système de croyances et de doctrines aurait été élevé. Voilà ce qui aurait donné naissance à une autre dénomination, ou à autre une secte. Et cela aurait été le cas aussi pour tous les autres.

Mais, quand ensuite le Seigneur leur eut demandé : *qui dites-vous que je suis ?*, remarquons la fameuse différence qui existe entre ce qui se développe à partir des opinions et des spéculations, et **la révélation** : *Simon Pierre répondit :* ***Tu es le Christ, le Fils du Dieu vivant***. Voici la vérité, la révélation qui transcende générations et cultures. C'est la révélation fondamentale de l'Eglise, qui constitue la base solide et sûre sur lequel elle s'édifie. Le Seigneur Jésus l'a si bien dit : *tu es heureux Simon, fils de Jonas, car, ce ne sont pas la chair et le sang qui t'ont révélé cela, mais c'est mon Père qui est dans les cieux. C'est pourquoi je te dis que tu es Pierre, et **que sur cette pierre je bâtirai mon Eglise…*** Vous n'êtes pas sans savoir que la pierre dont parle le Seigneur ici, c'est la révélation que Pierre reçue. C'est comme dire, sur cette vérité, cette parole que tu viens de prononcer, je bâtirai mon Eglise.

Il est écrit : *personne ne peut poser **un autre fondement que celui qui a été posé, savoir Jésus-Christ**. 1 Cor.3v11*. Chers lecteurs, laissez-moi vous dire que le Seigneur n'a jamais changé le fondement de son Eglise, et il ne le fera jamais. Le fondement de l'Eglise est unique, et est l'un des quatre éléments qui soutiennent l'unité et l'unicité de l'Eglise, ce sont *la vision, la mission, le fondement et la structure*. Ce sont des réalités qui demeurent de génération en génération et transcendent les cultures. Un seul fondement a été posé parce qu'il n'y a qu'une seule Eglise ; un seul fondement a été posé parce qu'il n'y a qu'un seul Corps de croyants, venant de toute nation, de toute langue, de tout peuple et de toute tribu, réunis ; un seul fondement a été posé parce qu'il n'y a qu'un seul Edifice qui s'élève avec toutes les pierres vivantes de quelque origine soient elles… Et ce fondement a été posé une fois pour toute.

Aujourd'hui, l'ignorance et la pauvreté de l'Eglise sont même trop manifestes. Pourtant, elle naquit dans l'abondance. Elle doit donc chercher honnêtement à redécouvrir la richesse spirituelle présentée dans le Nouveau Testament comme étant la vie normale des chrétiens. Pour y arriver, elle doit obligatoirement être restaurée sur son fondement apostolique et prophétique.

Il va de soi que le fondement d'un édifice est de la plus grande importance. Car s'il n'est pas approprié à l'édifice, les dégâts peuvent être irréparables. Le fondement assure la stabilité permettant l'équilibre du bâtiment. Quand un édifice a un bon fondement, il ne s'écroulera pas lors des intempéries. Christ étant le fondement de l'Eglise, assure également sa sécurité, sa stabilité et son équilibre. Il soutient l'Eglise dans les épreuves, permettant qu'elle soit ferme et forte.

Un Edifice "Révélationnel"

L'Eglise de Jésus-Christ a souvent été comparée, dans les écrits néotestamentaires, à un édifice spirituel. D'ailleurs, c'est ce qu'a évoqué aussi la prophétie de Jésus, dans *Matthieu 16 v 18* : « *...sur cette pierre, je bâtirai mon Eglise...* ». Cette déclaration renvoie à une construction *(Je bâtirai)*, celle d'un bâtiment ayant un fondement *(... sur cette pierre...)*.

Tandis que le fondement est une pierre, le corps de l'édifice se révèle aussi être composé de *pierres vivantes (1 Pier. 2 v 2,3)*. Et c'est l'édification de ces pierres qui forme la maison spirituelle.

Nous savons pertinemment, que la pierre qui constitue le fondement de l'Eglise est **Jésus**, ou plutôt, **la révélation de son identité** : « *Tu es le Christ, le Fils du Dieu vivant... sur cette pierre, je bâtirai mon Eglise...* ». L'Eglise est donc clairement édifiée sur une révélation, **la révélation de ce que Jésus-Christ est**. La révélation de l'identité de Jésus-Christ, voilà ce qu'est vraiment la pierre.

L'Eglise n'aurait jamais pu s'élever et se maintenir sur les autres allégations et suppositions, qui toutes donnaient à Jésus-Christ de fausses identités : « *les uns disent que tu es Jean-Baptiste ; les autres, Elie ; les autres Jérémie, ou l'un des prophètes.* ». Permettez-moi de vous dire amis lecteurs, que même le nom « *Jésus* » n'est absolument rien en dehors de ce que Jésus-Christ est vraiment. Toute la puissance, et l'autorité, du Nom de Jésus réside dans sa personne. Le Nom de Jésus est puissant parce qu'il manifeste ce que Jésus-Christ est. Tout le monde n'est pas sans savoir que d'autres personnes portaient aussi ce nom *(Luc 3 v 28, 29)*.

Les pierres qui s'édifient pour former la maison spirituelle sont des croyants en Christ. Mais il est important que nous sachions que l'Eglise a été fondée sur la révélation et dans la révélation, et qu'elle ne s'édifie aussi que dans la révélation et par la révélation. L'Eglise ne peut s'édifier sans révélation.

La pierre sur laquelle l'Eglise est bâtie, se réfère à la révélation de ce que Jésus-Christ est. Les pierres qui s'édifient pour former l'Eglise, se réfèrent aussi à la révélation de l'identité des croyants en Christ. Les pierres sont chacune UNE pierre. Elles sont toutes particulières. Comprenez que l'Eglise est édifiée, non simplement sur une pierre quelconque, mais sur *« cette pierre ».* Aucune autre pierre ne pourra la remplacer. De même, chaque pierre de l'Edifice est **une pierre particulière**, avec **une identité particulière**, et **qui ne peut être changée ni remplacée**. Donc pour qu'il y ait une véritable édification de l'Eglise, la révélation de l'identité de chaque chrétien est de première importance.

Il est écrit que les pierres sont vivantes. Elles le sont parce qu'elles se sont approchées de Jésus, la pierre vivante, choisie et précieuse, qui donne la vie à qui il veut *(1 Pier. 2 v 4, 5 ; Jn. 5 v 21).*

Remarquez que l'exhortation de s'édifier pour former la maison spirituelle ne leur est donnée qu'après celle qui veut qu'elles s'approchent de la pierre vivante à savoir Jésus. Ce n'est qu'après cela qu'elles sont en mesure de s'édifier, comme des pierres vivantes.

La **révélation** à tirer ici c'est que les saints se connaitront quand ils auront connu Jésus. Autant grandiront-ils dans la connaissance de Jésus-Christ, autant ils grandiront dans la connaissance de ce qu'ils sont vraiment, et pourront participer à l'édification de l'Eglise.

Tout ce que nous sommes est en Christ. **Saisir la révélation de Jésus-Christ, c'est saisir la révélation de notre propre identité. Et cela n'est pas théologique, mais vient de la révélation.** Cela ne peut pas être complètement vécu à l'intérieur d'une dénomination. Car, les dénominations promeuvent plus l'esprit religieux que la foi en Christ. Pourtant, ce n'est que lorsque nous avons la foi en Christ que nos confusions disparaissent. Les dénominations emboîtent le Seigneur dans leurs théologies et dans ce qu'elles savent de lui. Cependant, la connaissance du Seigneur n'est pas théologique, mais " **révélationnelle**" et expérimentale.

Si la connaissance du Seigneur ne grandit pas, nous, nous devons y grandir *(2 Pier. 3 v 18)* ; si la connaissance du Seigneur ne change pas, parce qu'il demeure le même, la révélation de sa connaissance grandit, évolue et s'approfondit : *« Je leur ai fait* *connaître ton nom, **et je le leur ferai connaître** (Jn. 17 v 26)* ; « *Dieu parla encore à Moïse, et lui dit :* ***Je suis l'Eternel****. Je suis apparu à Abraham, à Isaac et à Jacob,* ***comme le Dieu tout puissant*** *; mais je n'ai pas été connu d'eux sous mon nom,* ***l'Eternel****. (Ex 6 v 2,3).* »

Abraham connaissait Dieu, parce qu'il s'était révélé à lui. Il a marché avec lui, mais il ne l'avait pas connu sous son nom, **l'Eternel**. Avec Moïse, Dieu n'a pas changé, mais, il a eu une profondeur en plus dans la révélation de qui est Dieu, c'est-à-dire, dans la révélation de son identité. L'Apôtre Paul a écrit : « *Nous connaissons en partie, nous prophétisons en partie (1 Cor. 13 v 9).* »

En cette saison, on refuse de comprendre que l'Eglise est fondée sur la révélation, et que son édification aussi est "révélationnelle". L'édification de l'Eglise se fait sur la révélation, dans la révélation et par la révélation. Rien ne peut se faire dans l'Eglise, et plaire au Seigneur, sans la révélation qui convient. Voilà l'une des raisons pour lesquelles, le besoin de ministères apostolique et prophétique dans l'Eglise est criant.

L'Eglise s'édifie et s'élève au travers de l'histoire. Ainsi, elle se voit toujours contrainte de faire face à de perpétuels et déplorables changements dans le temps. Les temps changent, et les circonstances aussi. Ainsi, rien ne demeure à son état initial, mais tout évolue. Le péché évolue ; les problèmes dans le monde évoluent ; l'apostasie évolue ; l'opposition de Satan à l'Eglise et au plan de Dieu évolue etc. L'Eglise doit à tout prix faire face, et être capable de vaincre, et d'amener les bonnes solutions.

Pour que l'Eglise soit en mesure de vaincre, elle doit toujours et obligatoirement être sous une direction apostolique et prophétique. Car, dans chaque saison, elle a besoin d'une parole apostolique et prophétique pouvant répondre aux problématiques de la saison. Cette parole, est d'une profondeur provenant de la révélation qui dévoile pour elle les mystères de la saison, et les mystères de la pensée divine pour la saison. Cette parole révèle une directive de Dieu pour la saison, un but divin et une stratégie divine.

Chaque époque a des mystères qui lui sont propres, et le manque de révélation paralyse toujours l'action de l'Eglise dans toutes les saisons. De même, dans cette saison, elle n'arrive toujours pas à avoir l'impact et la pertinence qu'elle aurait dû avoir, n'étant pas à même de faire face aux différents défis qui s'y trouvent. Elle essaie d'amener des solutions qui ont certes, répondu plus ou moins bien aux problématiques des temps antérieurs, mais qui s'avèrent dépassées et inutiles dans cette saison. Les différents problèmes de cette saison sont l'aboutissement d'une longue évolution, et ont été préparés à l'avance, par la puissance mystérieuse de la révolte, pour paralyser l'Eglise, et la rendre infructueuse et conformiste.

Une Eglise, Une Structure

Pendant trop longtemps, nous Chrétiens, nous sommes identifiés par des institutions et dénominations faites de mains d'hommes. Cela doit changer radicalement, car la santé et la richesse de l'Eglise ne peuvent être vécues à l'intérieure de ces institutions. Il faut à tout prix reconquérir l'héritage apostolique de l'ère néotestamentaire en foi et en pratique, dans sa fonction et dans sa forme *(1 Cor 11:2 ; 2 Thés 2:15)*.

Nous avons dit plus haut que l'Eglise est apostolique, à vrai dire, elle n'est qu'apostolique. Mais, ne confondons pas cette Eglise avec l'Eglise Apostolique en tant qu'institution. Notre vision du Corps de Christ ne doit pas être bornée à une dénomination, elle doit dépasser les limites d'un mouvement.

Nous devons être déterminés à manifester ce que le Corps de Christ devrait être. Faisons donc la différence en cette saison, en attachant l'importance qui convient à l'organisation de l'Eglise. L'Eglise du Nouveau Testament doit demeurer notre modèle. Remarquons que dans ce monde où tout évolue, il y a quand même des points fixes: Dieu demeure le même, le cœur humain demeure le même etc. L'Église qui est le Corps du Seigneur, demeure aussi la même. Si donc les structures sociales et intellectuelles du monde changeaient, cela ne devrait entraîner pour nous qu'une adaptation des méthodes de travail.

En ce qui concerne les structures internes de l'Église, nous devons rester fidèles à **ces deux principes fondamentaux**:

Diversité: Que les diverses fonctions données par le Seigneur dans l'Eglise puissent librement s'y exprimer.

Unité: Que l'unité du Corps de Christ puisse être manifestée dans cette diversité de fonctions.

Quand on parle de structure, on voit une forme, un schéma, une organisation, un organigramme. En *Matthieu 16 v 18,* nous sommes illuminés sur la venue de l'Eglise, tandis que dans les épîtres, nous recevons la révélation de la structure que le Seigneur a donnée à son Eglise. L'Apôtre Patrick Isaac, dans son livre intitulé « *Où est l'Eglise du Seigneur ?* » a écrit : « *En observant le corps humain, nous savons que si nous étions dépourvus de squelette, nous serions déformés. Une telle observation s'applique également à l'Eglise contemporaine. N'ayant pas la forme squelettique biblique, l'Eglise éprouve des difficultés énormes à produire les fruits attendus.*

Visiblement l'Eglise est encore là, mais, du point de vue spirituel, elle est boiteuse, et avance péniblement. L'application de la structure ecclésiastique biblique est la solution clé pour aider à l'accomplissement de la prophétie que le Seigneur a prononcée dans Matthieu 16 v 18 concernant l'établissement de son Eglise.

La défectuosité et la paralysie que nous retrouvons dans l'Eglise locale... ont un lien direct avec la déformation squelettique ou la déformation de l'organisation structurelle biblique de l'Eglise. Dès que les leaders et le peuple de Dieu auront accepté de comprendre ce fait, un remaniement s'opèrera au sein du Corps de Christ. En conséquence, ce retour aux principes des Ecritures saintes pourra permettre à l'Eglise de Jésus-Christ d'aujourd'hui d'expérimenter une pénétration encore plus explosive dans sa société, transformant celle-ci à l'image de Christ. »

Le fait est que, il est évident que la plénitude du ministère de Christ ne peut être manifestée par un seul homme; ceci se fait par l'Eglise entière, qui est son Corps. C'est pourquoi, comme dit l'Ecriture, « *Dieu a placé chacun des membres dans le corps comme il l'a voulu* », ou encore « *Dieu a établi dans l'église...* » *(1 Cor 12.18:28)* donnant à chacun une tâche à accomplir.

Pour préparer chaque croyant à remplir son service, Dieu a donné dans l'Eglise des ministères particuliers que nous énumère le Nouveau Testament : « ***Il a donné les uns comme apôtres, les autres comme prophètes, les autres comme évangélistes, les autres comme pasteurs et docteurs*** » *(Ep. 4.11)*. L'Eglise de cette saison doit accorder aux dons de ministère et aux charismes la place qui leur revient en son sein, et ainsi, remettre en valeur les vertus chrétiennes et le modèle néotestamentaire du gouvernement de l'Eglise. Elle doit faire l'expérience que Dieu appelle encore aujourd'hui des hommes et des femmes pour les revêtir des ministères d'apôtres, de prophètes, de docteurs, d'évangélistes et de pasteurs, car ces ministères sont capitaux pour l'édification du Corps de Christ, qui est en face de l'urgence d'entrer pleinement dans sa destinée.

Les Cinq Dons de Christ

Les cinq dons de Christ, ou plutôt, les cinq différentes mesures de don de Christ *(Ep. 4 v 7)*, se distinguent des autres dons dont parle le Nouveau Testament. Ces derniers sont des capacités spirituelles que le Saint-Esprit donne, selon la grâce de Dieu, à chaque saint, et qui doivent être utilisées pour l'édification de l'Eglise. En revanche, les cinq dons de Christ sont des saints que le Seigneur donne à l'Eglise, revêtus d'une mesure de grâce spéciale pour le perfectionnement des saints en vue de l'œuvre du ministère et de l'édification du Corps de Christ... Ils se complètent mutuellement dans cette œuvre. Ces cinq dons sont : l'Apôtre, le Prophète, l'Evangéliste, le Pasteur et le Docteur.

L'Apôtre

Il y a des croyances erronées qui ont pendant longtemps tenu l'Eglise captive, stipulant que le ministère apostolique n'est plus de mise. Ceux qui soutiennent cette pensée, sans peut-être savoir qu'elle est diabolique, disent que pour être apôtre, il faut avoir vu Jésus physiquement, avoir marché avec lui, avoir mangé avec lui. Quoi de plus faux chers lecteurs. Vous savez que beaucoup de saints dans l' « *Eglise primitive* » avaient fait l'expérience d'avoir vu et marché avec le Seigneur, mais cela n'avait pas fait d'eux des apôtres. Et le Seigneur n'avait jamais dit une telle chose, ni même les premiers apôtres. Que tous les saints de cette saison sachent, avec certitude, qu'un groupe d'apôtres ont salué le départ de Jésus, et qu'un groupe d'apôtres salueront également son retour.

Définition : Le mot apôtre vient du grec **Apostolos** qui signifie envoyé, messager, porteur d'ordre, ambassadeur ; quelqu'un qui est envoyé en mission officielle.

En scrutant les écrits du Nouveau Testament avec l'esprit de sagesse et de révélation, nous arrivons à la compréhension qu'il y a quatre degrés de ministères apostoliques.

Le ministère apostolique de Jésus-Christ

Dans le chapitre 3 de l'épître aux Hébreux, aux versets premier et deux, nous lisons : « *C'est pourquoi, frères saints, qui avez part à la vocation céleste, **considérez l'apôtre ... de la foi que nous professons, Jésus** qui a été fidèle à celui qui l'a établi...*. Le ministère du Seigneur Jésus est le premier degré de ministère apostolique dans la Bible. Il est l'Apôtre par excellence, l'Apôtre modèle. Le Seigneur l'a dit lui-même : « *Jésus leur dit de nouveau : La paix soit avec vous ! **Comme** le Père m'a envoyé, **moi aussi** je vous envoie (Jean 20 v 21) ; car je n'ai point parlé de moi-même ; mais le Père qui **m'a envoyé**, m'a prescrit lui-même ce que je dois dire et annoncer. (Jean 12 v 49)*

Jésus faisait les œuvres de celui qui lui avait envoyé *(Jean 9 v 4)*.

Le ministère apostolique des douze apôtres de l'agneau

Le deuxième degré de ministère apostolique est celui des douze, nommés apôtres de l'Agneau. Les douze apôtres de l'Agneau sont Pierre, Jean, Jacques, André, Philippe, Thomas, Barthélemy, Matthieu, Jacques, fils d'Alphée, Simon le Zélote, Jude, fils de Jacques, et Matthias qui fut associé aux onze, après que Judas leur eût abandonné.

Ils ont été nommés pendant le ministère terrestre du Seigneur (sauf Matthias), et envoyés en mission provisoire *(Matt 10 v 1-5)*. Après la résurrection du Seigneur, ils furent mandatés et envoyés officiellement vers toutes les nations *(Matt 28 v 19 ; Actes 1 v 8)*.

Le ministère apostolique des apôtres de l'ascension

Les apôtres de l'ascension, appelés par certains, **apôtres de l'Eglise**, sont ceux qui furent apôtres après l'Ascension, ou plus précisément, après l'établissement de l'Eglise sur la terre, en voici quelques exemples :
Barnabas et Paul : *A Icône, Paul et Barnabas entrèrent ensemble dans la synagogue... La population de la ville se divisa : les uns étaient pour les juifs, **les autres pour les apôtres** (Actes 14 v 1-4) ; **Les apôtres Barnabas et Paul...** (Actes 14 v 14)*.
Appolos : *Que personne ne mette sa gloire dans des hommes ; Car tout est à vous, soit Paul, soit Appolos, soit Céphas... C'est à cause de vous, frères, que j'ai fait de ces choses une application à ma personne et à celle d'Appolos... Car Dieu, ce me semble,* ***a fait de nous, apôtres*** *... les condamnés à mort en quelque sorte... (1 Cor. 3 v 21, 22, 4 v 6, 9)*.
Timothée et Silas (Sylvain) : *Paul, Silvain et Timothée...* ***Nous aurions pu nous produire avec autorité comme apôtres de Christ...*** *(1Thés. 2 v 6)*.
Andronicus et Junias : *Saluez Andronicus et Junias, mes parents et mes compagnons de captivité, qui* ***jouissent d'une grande considération parmi les apôtres...***

Le ministère apostolique des délégués apostoliques

Les délégués apostoliques furent les envoyés des apôtres ou de l'Eglise. Ils ne furent pas apôtres, mais furent revêtus momentanément de l'autorité apostolique pour remplir une tâche apostolique. Il y a des tâches dans l'Eglise qui relèvent de la compétence des apôtres, il faut une autorité apostolique pour les remplir. Mais occasionnellement, d'autres ministres étaient délégués par un apôtre, ou par l'Eglise, pour remplir ces tâches, à cause d'une indisponibilité de l'apôtre, ou d'une surcharge ministérielle. Tite en est un exemple : *Tite mon enfant légitime...Je t'ai laissé en Crête **afin que tu mettes en ordre ce qui reste à régler, et que tu établisses des anciens dans chaque ville**... (Tite 1 v 4)*. Leurs ministères revêtaient un caractère apostolique, en ce qu'ils ont reçu un mandat apostolique, et ont été revêtu d'une autorité apostolique pour l'accomplir.

A l'évidence, l'apôtre est la plus grande mesure de don de Christ à l'Eglise *(Ep. 4 v 11)*. Il est à remarquer que le Seigneur ne donne pas le don d'apôtre à un homme, mais un homme comme apôtre. C'est-à-dire que l'apôtre en soi est un don à l'Eglise.

Les apôtres sont les premières autorités de l'Eglise *(1Cor. 12 v 28)*. *... Dieu a établi dans l'Eglise **premièrement** des apôtres.* C'est bien à eux que la révélation du mystère de Christ est accordée. Ils se démarquent par l'intelligence particulière qu'ils ont de ce mystère *(Ep. 3 v3- 5)*.

Le Seigneur leur a confié la parole de Dieu pour le temps de l'Eglise, car il a dit lui-même que tous doivent croire en lui par leur parole *(Jean 17 v 20)*. Ce n'est pas à dire que tout le monde doit entendre directement un apôtre, et que nulle autre personne ne peut prêcher la parole de Dieu, mais plutôt, que toute parole contraire à l'évangile qui a été donné aux apôtres, ou aux enseignements des apôtres, n'est pas la vraie parole de Dieu *(Gal. 1v 8 ; 1 Cor. 15 v 1, 2)*.

L'autorité a été accordée aux apôtres pour établir le fondement de l'Eglise, fondement dont la connaissance et la compréhension leur ont été données par révélation *(Ep. 2 v 20 ; 3 v 2-5 ; 1 Cor. 3 v 10)*.

Ils reçoivent aussi la grâce pour l'établissement d'Eglises locales *(Actes 14 v 5-21, Actes 19 v 8-12)*. L'établissement d'Eglises aptes à fonctionner comme des organismes vivants qui grandissent en nombre et en spiritualité, est un sceau de l'apostolat *« Si pour d'autres je ne suis pas apôtre, je le suis au moins pour vous ; car vous êtes le sceau de mon apostolat » (1 Cor. 9 v 2)*.

Ils sont particulièrement équipés pour imposer les mains aux croyants pour qu'ils soient baptisés dans le Saint-Esprit *(Actes 8 v 14-17 ; 19 v 6)*, et aussi pour que des dons spirituels leur soient communiqués, afin qu'ils soient capables de participer efficacement à l'édification de l'Eglise *(Rom. 1 v 11 ; 2 Tim. 1 v 6)*.

Ils ont l'autorité et l'obligation de veiller de façon générale à la foi, à la vie, à l'unité et à l'action de l'Eglise, d'appliquer les décisions importantes pour l'Eglise *(Acte 15)*, de pardonner les péchés des saints et de leur en libérer *(Jean 20 v 21-23 ; 1 Cor. 5 v 1-13)*.

Leurs ministères sont soutenus par l'autorité spéciale d'accomplir des signes, des prodiges et des miracles pour appuyer la parole.

Chers lecteurs, en cette saison, il faut veiller, car beaucoup se disent et se diront apôtres sans l'être réellement. Aujourd'hui, je crois qu'un apôtre doit établir des Eglises apostoliques qui soient référentielles, équilibrées, et missionnaires, combattant l'apostasie du temps (**le mystère de l'iniquité**), des églises qui, par la place qu'elles accordent aux dons de ministère et aux charismes, mettent en valeur les vertus chrétiennes et le modèle néotestamentaire du gouvernement de l'église, des églises, comme je l'ai déjà dit, qui cherchent honnêtement à redécouvrir la richesse spirituelle présentée dans le Nouveau Testament comme étant la vie normale des chrétiens, et qui font l'expérience que Dieu appelle encore aujourd'hui des hommes pour les revêtir des ministères d'apôtres, de prophètes, de docteurs, d'évangélistes et de pasteurs, reconnaissant que ces ministères sont capitaux pour l'édification du Corps de Christ ; des églises qui se savent porteuses d'un message de Réforme et de Restauration *(contre la grande apostasie)* qu'elles mettent en application, et s'efforcent de présenter au monde en utilisant toutes les ressources que le Seigneur leur a disposées pour cela.

Les apôtres doivent identifier, développer et mandater les dons de ministère d'*Ephésiens 4v11* que Dieu élève pour perfectionner les *saints en vue de l'œuvre du ministère et de l'édification du Corps de Christ*. Ils doivent procurer la couverture apostolique et des conseils aux leaders et ministères qui sont conduits par le Seigneur, pour leur mandat divin. Les apôtres ont aussi pour devoir de combattre en utilisant la puissance de l'Evangile, toute forme d'injustice dans le monde.

L'apostolat doit être démontré par des fruits concrets ; et les apôtres doivent rechercher et recevoir la sagesse stratégique de Dieu pour l'accomplissement du plan de Dieu pour l'Eglise, et avec l'Eglise dans cette saison *(Actes 15v1-27)*.

Faire la promotion des principes qui gouvernent le réveil et la restauration apostolique, et encourager leur démonstration et développement dans le Corps de Christ, doivent faire partie des priorités des apôtres de cette saison. Ils doivent aussi promouvoir le perfectionnement et la délégation d'équipes apostoliques et prophétiques dans les églises locales, et dans les différentes régions du monde, pour l'édification du Corps de Christ, pour qu'elles soient en mesure d'affecter leurs communautés.

En cette saison, je constate une très triste réalité, et je m'y oppose, en ma qualité d'apôtre de Christ. Beaucoup d'apôtres (ou des gens qui se disent apôtres) de cette saison, ont la mauvaise tendance à rechercher beaucoup plus le vedettariat que le véritable apostolat. Il n'est ni sain ni prudent d'ignorer ce que pense un apôtre (ou les autres apôtres) dans ce qui concerne l'Eglise, comme font la plupart d'entre eux sous plusieurs prétextes charnels. Pourtant, certaines des caractéristiques propres à l'apostolat sont **l'interdépendance**, "**l'inter-redevabilité**" et "**l'inter-complémentarité**" qui existent entre tous les vrais apôtres de Christ. Car ils se savent communément responsables de l'Eglise et de l'évangile du Seigneur, quoiqu'ils aient des mandats distincts, comme Pierre et Paul, Paul et Appolos *(Gal. 2 v 7,8 ; 1 Cor. 3 v 6)*.

Si un apôtre est dans un état de faiblesse, ou confronte des difficultés spirituelles, ministérielles et autres, il doit pouvoir trouver refuge et secours auprès d'un autre, sans que celui-ci ne lui impose l'obligation de renoncer à son apostolat pour être son disciple, ou de le conserver seulement de nom, et être ainsi ce qu'on pourrait appeler un apôtre-disciple.

L'apostolat oblige à tout apôtre de porter assistance et soutient à tout autre qui serait dans le besoin, sans essayer de le contrôler ou de le dominer en profitant malhonnêtement de sa situation.

Le Prophète

Le mot prophète vient du grec *prophetes, prophemi* ; *Pro* signifie avant, *phemi* signifie dire, déclarer. Le prophète est donc celui qui déclare d'avance... Le terme hébreu étant *Nabhi*, qui veut dire celui qui annonce.

Dans l'ancien testament, il était question des prophètes d'Israël, appelés couramment prophètes de l'Eternel *(Ez. 3 v 16)*. Ils étaient choisis par Dieu lui-même pour que, revêtus de son autorité, ils communiquent sa volonté, ses oracles, ses résolutions, ses projets au peuple *(1 Sam. 3 v 1-21 ; Jér. 1 v 4-10 ; Es. 6 v 8)*. Les différents exemples que le Nouveau Testament nous fournit du ministère prophétique, nous obligent à y voir celui d'un homme (ou d'une femme) qui, comme les prophètes de l'Ancien Testament, apporte la parole révélatrice et prophétique de Dieu d'une manière spontanée, sous une onction spéciale du Saint-Esprit.

Comme nous l'avons déjà dit, le prophète est choisi par Dieu, soit directement *(Jér. 1 v 4, 5 ; Es. 6 v 8 ; Am. 7 v 14, 15)*, soit par l'entremise d'une autorité spirituelle, qui peut être un autre prophète *(1 Rois 19 v 16, 19, 21)*. Au départ on l'appelait voyant, c'est-à-dire celui qui voit *(1 Sam. 9 v 19)*. L'une des tâches principales du prophète est de servir comme sentinelle auprès du peuple, fonction qui consiste à veiller, à avertir, à intercéder et à dénoncer *(Jér. 6 v 16, 17 ; Ez. 3 v 16-21 ; Es. 62 v 1, 6, 7)*. Le prophète dénonce les péchés, appelle le peuple à la repentance et prononce le jugement de Dieu *(2 Sam. 12 v 1-12 ; 1 Rois 18 v 18, 19 ; 2 Rois 17 v 13 ; Jér. 18 v 11 ; Am. 5 v 4-6, 14,15 ; 1 Rois 21 v 20-24 ; Es. 2 v 6-21 ; Jér. 4 v 5-18)*. Le prophète donne aussi, par ses prédications, de l'espérance au peuple *(Jér. 23 v 3-8 ; Am. 19 v 11 ; Soph. 3 v 9-17)*.

Le ministère du prophète diffère de celui qui a le simple don de prophétie, car ce dernier se limite à l'exhortation, à l'édification et à la consolation *(1 Cor. 12 v 3 ; Actes 21 v 8, 9)*. Le ministère du prophète a un champ d'action plus vaste, c'est un **ministère de révélation** *(Eph 3.5)*, un **ministère d'exhortation** *(Act 15.32)*, un **ministère de direction** *(Act 13.2)* et un **ministère de prédiction** *(Act 11.28; 21.11)*.

Le prophète prédit le futur proche *(1 Rois 17 v 1)*, il prédit aussi le futur éloigné *(Es. 65 v 17-25)*. Une prédiction qui se rapporte au futur proche est celle dont la génération où elle a été faite verra son accomplissement, tandis qu'une prédiction qui se rapporte au futur éloigné se réalisera bien plus tard, dans peut-être une autre génération.

Il y a aussi une différence entre une prophétie et une prédiction : toute prédiction est une prophétie, tandis qu'une prophétie n'est pas forcément une prédiction. Une prophétie est une parole donnée par l'Esprit de Dieu dans et pour une situation précise, elle peut être dénonciatrice, ou une parole qui encourage ; elle peut être une parole de connaissance ou de sagesse, etc. Par exemple, quand un saint ayant un don de prophétie prophétise, ses propos sont des prophéties, mais non des prédictions. En revanche, une prédiction est une parole qui **prédit ce qui n'est pas encore, mais qui va arriver dans un temps à venir.**

Le prophète interprète aussi les songes et les visions, car ils sont donnés dans un langage codé que, la plupart des fois, seuls ceux qui ont l'esprit prophétique peuvent décoder *(Dan. 2 v 17-45 ; 3 v 9-28)*. Dieu a dit qu'il sait se révéler aux prophètes dans une vision, et leur parler dans un songe *(Nb 12 v 6)*. Le songe, ou la vision, n'a pas besoin d'être le sien pour que le prophète en saisisse le message divin.

Dans l'Eglise, le prophète vient après l'apôtre en tant que deuxième autorité *(1 Cor. 12 v 28)*. Il reçoit, avec lui, la révélation du mystère de Christ *(Ep. 3 v 2-5)*. Le prophète de Christ participe aussi, avec l'apôtre, à l'établissement du fondement de l'Eglise *(Ep. 2 v 20)*. Il peut travailler à la prédication et à l'enseignement prophétique (Actes 15 v 32), et même à la louange comme David et Asaph *(Voir dans certains psaumes qu'ils ont écrits)*.

Quelques prophètes de l'Eglise connus

Barnabas *(Actes 13 v 1)* : « *Il y avait dans l'église d'Antioche,* **des prophètes…** *: Barnabas…* ».

Jude et Silas *(Actes 15 v 32)* : « *Jude et Silas, qui étaient* **eux-mêmes prophètes***…* ».

Agabus *(Actes 21 v 10)* : « *Comme nous étions là depuis plusieurs jours,* **un prophète nommé Agabus***, descendit de Judée…* »

Devoirs face au prophète

L'écouter : *(Ez. 3 v 1-7)* ; *(Deut. 18 v 18, 19)* : « *je leur susciterai du milieu… un prophète… je mettrai mes paroles dans sa bouche, et il leur dira ce que je lui commanderai.* **Et si quelqu'un n'écoute pas mes paroles qu'il dira en mon nom***, c'est moi qui lui en demanderai compte* ».

Le croire : *(2 Chr. 20 v 20)* : «… *Josaphat se présenta et dit : Ecoutez-moi, … Confiez-vous en l'Eternel, votre Dieu, et vous serez affermis ;* **confiez-vous en ses prophètes, et vous réussirez** ».

Signes pour reconnaitre un vrai prophète

Il y a un besoin incessant de ministère prophétique au milieu du peuple de Dieu, il est donc nécessaire que celui-ci soit sur ses gardes, et puisse éviter d'être trompé par les faux prophètes qui sont déjà là et aussi par ceux qui vont arriver bientôt. Car la bible en a prédit l'arrivée de beaucoup. Elle dit qu'ils viendront en vêtement de brebis, pourtant, ce sont des loups ravisseurs. Ils produiront des miracles mensongers pour séduire les gens et, si possible, même les élus, etc.

Les prédictions d'un vrai prophète ne peuvent ne pas s'accomplir *(Dt. 18 v 22)*. Sauf dans les cas où l'accomplissement de la prédiction dépendait d'une condition *Ex. : Prédiction de la destruction de Ninive par Jonas.*

Les prophéties d'un vrai prophète ne peuvent pas contredire la parole écrite de Dieu, relative à la dispensation sous laquelle il vit *(Es. 8 v 20 : à la loi et au témoignage…).*

Les prophéties d'un vrai prophète ne peuvent pas contredire les paroles des vrais prophètes qui ont prophétisé avant lui dans et/ou pour la même situation *(1 Rois 13).* Cependant, Dieu peut décider de révoquer, pour une raison ou pour une autre, une parole qu'il a dite antérieurement par le même ou par un autre prophète *(Es. 38, dans le cas d'Ezéchias).*

Ses prophéties ne peuvent pas s'attaquer à Christ d'aucune manière *(1 Jn. 4 v 2).*

Ses fruits diront qui il est vraiment *(Matt. 7 v 15-20).*

Un lien particulier unit les ministères d'apôtre et de prophète. Christ, le Chef de l'Eglise, se révèle d'une façon spéciale par leur moyen : **ce sont des ministères fondamentaux.**

Le Docteur

Le mot docteur vient du grec *didaskaloi*, mot qui se traduit par enseignant, maître et instructeur. Le docteur est le don de Christ dont la principale tâche est, comme Esdras, de s'attacher d'une manière particulière à l'enseignement et à l'instruction de la parole de Dieu. Le docteur s'attache à l'étude systématique et à l'enseignement clair de la Bible, de façon à présenter simplement les choses profondes de Dieu aux saints. Il inspire aux chrétiens l'amour de la Parole de Dieu.

Les enseignements d'un docteur ne sont pas simplement intellectuels, mais sont apportés avec autorité, puissance, conviction et confirmation, exactement comme le Seigneur : « *Ils se rendirent à Capernaüm. Et, le jour du sabbat, Jésus entra d'abord dans la synagogue, **et il enseigna**. **Ils étaient frappés de sa doctrine ; car il n'enseignait pas comme les scribes**. Il se trouva dans leur synagogue un homme qui avait un esprit impur, et qui s'écria : qu'y a-t-il entre nous et toi Jésus de Nazareth ? Tu es venu pour nous perdre. Je sais qui tu es le Saint de Dieu. Jésus le menaça, disant : tais-toi, et sors de cet homme. Et l'esprit impur sortit de cet homme. En l'agitant avec violence, et poussant un grand cri. Tous furent saisi de stupéfaction, de sorte qu'ils demandaient les uns les autres : **qu'est-ce que ceci ? Une nouvelle doctrine ! Il commande même aux esprits impurs, et ils lui obéissent !*** »

L'enseignement de Jésus-Christ différait de celui des scribes, les théologiens de l'époque, car **il amenait dans l'esprit des auditeurs la compréhension et la**

conviction de la parole de Dieu.

Un docteur dans l'Eglise, en tant que don de Christ, n'est pas forcément celui qui détient le doctorat en théologie. Celui-ci est un théologien, c'est tout. La capacité du docteur vient du fait qu'il ait reçu une onction spéciale pour l'enseignement. Il a une grâce particulière qui lui permet de donner aux saints la compréhension et la conviction des principes bibliques.

Vous n'êtes pas sans savoir que sous l'ancienne alliance, il y eut trois onctions principales, ce furent : *l'onction prophétique, l'onction sacerdotale et l'onction royale.* L'onction prophétique est celle qu'ont reçue les prophètes, ou plus précisément ceux qui entraient dans l'office prophétique ; l'onction sacerdotale est celle qu'ont reçue ceux qui entraient dans l'office sacerdotale (pour être sacrificateurs) ; et l'onction royale est celle qu'ont reçue les rois.

Tandis que l'onction sacerdotale se poursuit sous la nouvelle alliance, et est partagée par tous les croyants, ainsi que l'onction royale *(Ap. 5 v 9),* sous la nouvelle alliance, il y a aussi trois onctions principales, ce sont : ***L'onction apostolique, l'onction prophétique et l'onction doctorale (1 Cor. 12 v 28).***

En effet, l'office doctoral est d'une grande importance dans l'Eglise. Ce n'est pas pour rien qu'il est établi par le Seigneur ***troisièmement*** dans l'Eglise *(1 Cor. 12 v 28).* Il est l'autorité établie par le Seigneur dans l'Eglise dans le domaine de l'enseignement, avec une grâce spéciale au niveau de la connaissance, de la compréhension et de la sagesse des Ecritures.

La prédication du haut de la chaire ne peut, et ne doit, sous aucun prétexte, remplacer le travail du docteur, ce qui rendrait, et qui a déjà rendu malade le Corps de Christ.

La voix apostolique s'élève en cette saison pour déclarer à micro ouvert qu'il faut à l'Eglise des docteurs oints, et non des soit disant moniteurs charnels, munis de leurs petits livres, qui ne savent même pas ce qu'est l'enseignement de la doctrine de Christ, et qui ne font qu'apprendre aux saints les textes d'or et les trois points par cœur.

Il faut à l'Eglise des docteurs oints, et non simplement des gens qui détiennent un doctorat en théologie.

L'Evangéliste

Le mot évangéliste tire son origine dans le grec *euaggelistès* qui signifie celui qui déclare une bonne nouvelle.

En cette saison, il est évident que des révélations profondes sur le ministère d'évangélisation font défaut à l'Eglise. Dans beaucoup d'églises, même ceux qui sont considérés comme évangélistes ne savent pas vraiment ce que c'est d'en être un. Souvent on pense même qu'être évangéliste est une étape préparatoire au pastorat. Ce ministère tellement capital pour le Corps de Christ, est négligé dans cette saison. Pourtant, une église ne peut être fidèle sans placer l'évangélisation parmi ses plus grandes priorités, parce qu'elle est l'une des plus grandes priorités du Seigneur Jésus-Christ, qui était venu chercher et sauver ceux qui étaient perdus, en donnant sa propre vie pour eux, au lieu du crâne.

L'évangélisation est un ministère d'amour et de compassion, pourtant, plusieurs pensent que pour être évangéliste il faut être arrogant et violent. La plupart de ceux qui se disent évangélistes passent leur temps à manquer de respect aux autres dons de Christ, et à pratiquer un volontarisme et une indépendance qui tendent à l'extrême.

L'Evangéliste est celui que le Seigneur a choisi et mandaté pour proclamer sa bonne nouvelle *(Rom. 10 v 3-15)*. En fait, tous les saints sont appelés à évangéliser, car l'évangélisation est une obligation chrétienne, mais tous ne sont pas évangélistes. L'évangéliste a un ministère particulier qui consiste à amener les personnes à comprendre leur perdition, l'amour de Dieu et le salut qui leur est offert en Jésus-Christ.

L'évangéliste a aussi, un peu comme les apôtres et les prophètes, un ministère de puissance. C'est pourquoi son ministère s'accompagne aussi de miracles et de prodiges qui appuient sa prédication *(Actes 8 v 4-13)*.

Le message de l'évangéliste est centré sur la croix, le salut, la foi en Christ, la repentance, le baptême et la pratique des bonnes œuvres.

L'évangéliste a un fardeau particulier pour les âmes perdues. Il a le contact facile. Le message du salut brûle dans son cœur. Il possède une forte onction pour apporter une prédication capable d'amener une foule à la repentance, c'est un gagneur d'âmes.

A cet aspect de son ministère tourné vers l'extérieur, s'ajoute une fonction envers l'Eglise, **qu'il stimule dans l'évangélisation** *(Ep. 4.12)*, dans le cadre de sa participation au perfectionnement des saints. Il peut équiper les nouveau-nés dans la foi sur les doctrines de base de la foi chrétienne. Et il dénonce les mauvaises œuvres qui se font et qui se voient dans l'Eglise.

Tandis que le prophète fait ses prédications, l'évangéliste fait sa prédication. En effet, l'évangéliste n'a qu'une seule prédication, par contre, le prophète en a plusieurs. La prédication de l'évangéliste c'est la bonne nouvelle du salut, tandis que les prédications du prophète varient selon les situations dans lesquelles il doit intervenir. Ce sont toutes les paroles que le Saint-Esprit lui donne pour chaque situation, ou pour chaque étape dans une même situation.

Le Pasteur

Le mot grec pour pasteur, c'est *poimenos*, qui signifie celui qui prend soin des brebis. Dans la bible, il nous est d'abord présenté comme un métier humain, pratiqué déjà par les hébreux *(Gn. 4 v 2; 29 v 9; 1 Sam. 16 v 11)*.

Sous l'ancienne alliance, les chefs du peuple d'Israël étaient comparés à des bergers, vu leur responsabilité qui consistait à le conduire et à en prendre soin. *(Nb 27 v 15-18)* : « *Moise parla à l'Eternel, et dit : Que l'Eternel, le Dieu des esprits de toute chair, établisse sur l'assemblée **un homme qui sorte devant eux et qui entre devant eux, qui les fasse sortir et qui les fasse entrer**, afin que l'assemblée de l'Eternel ne soit pas **comme des brebis qui n'ont point de berger**. L'Eternel dit à Moise : Prends Josué, fils de Nun, homme en qui réside l'esprit* » ; *(2 Sam. 5 v 2)* : « *... Autrefois déjà, lorsque Saul était notre roi, **c'était toi qui conduisais et qui ramenais Israël**. L'Eternel t'a dit : **Tu paîtras mon peuple d'Israël**, et tu seras le chef d'Israël.* »

Mais, il y en a parmi eux qui étaient égoïstes, et qui, au lieu d'être au service des brebis (du peuple), s'en servaient pour assouvir leur avidité. *(Esaie 56 v 11)* : « *... ce sont des chiens voraces, insatiables; ce sont des bergers qui ne savent rien comprendre; tous suivent leur propre voie, **chacun selon son intérêt**, jusqu'au dernier* » *(Ez. 34 v 1, 2)* : « *Fils de l'homme, prophétise contre les pasteurs d'Israël. Prophétise, et dis-leur, aux pasteurs: ainsi parle le Seigneur, l'Eternel : Malheur aux pasteurs d'Israël, **qui se paissaient eux-mêmes ! Les pasteurs ne devaient-ils pas paître le troupeau ?*** »

Ainsi, les pasteurs d'Israël n'ont pas suivi le modèle de l'Eternel lui-même, qui était leur berger, celui qui les avaient conduits depuis l'Egypte, qui les a nourris, les a protégés, etc. David dit de lui : « *(Ps. 23) L'Eternel est mon berger, je ne manquerai de rien. Il me fait reposer dans de verts pâturages, il me dirige près des eaux paisibles. Il restaure mon âme, il me conduit dans les sentiers de la justice, à cause de son Nom. Quand je marche dans la vallée de l'ombre de la mort, je ne crains aucun mal, car tu es avec moi : ta houlette et ton bâton me rassurent. Tu dresses devant moi une table en face de mes adversaires ; tu oints d'huile ma tête, et ma coupe déborde. Oui, le bonheur et la grâce m'accompagneront tous les jours de ma vie, et j'habiterai dans la maison de l'Eternel jusqu'à la fin de mes jours.* »

En plusieurs autres endroits, L'Eternel est comparé à un berger qui conduit son peuple, le protège, le nourrit : « *(Ps. 80 v 1) Prête l'oreille, berger d'Israël, toi qui conduis Joseph comme un troupeau !...* » ; « *(Ps. 95 v 7) Car il est notre Dieu, et nous sommes le peuple de son pâturage, le troupeau que sa main conduit...* » ; « *(Ez. 34 v 11-16) Car, ainsi parle le Seigneur, l'Eternel : voici, j'aurai soin moi-même de mes brebis, et j'en ferai la revue. Comme un pasteur inspecte son troupeau quand il est au milieu de ses brebis éparses, ainsi je ferai la revue de mes brebis, et je les recueillerai de tous les lieux où elles ont été dispersées au jour des nuages et de l'obscurité. Je les retirerai d'entre les peuples, je les rassemblerai des diverses contrées, et je les ramènerai dans leur pays ; je les ferai paître sur les montagnes d'Israël, le long des ruisseaux, et dans tous les lieux habités du pays. Je les ferai paître dans un bon pâturage, et leur demeure sera sur les montagnes élevées d'Israël. C'est moi qui ferai paître mes brebis, c'est moi qui les ferai reposer, dit le Seigneur, l'Eternel. Je chercherai celle qui était perdue, je ramènerai celle qui était égarée, je panserai celle qui est blessée, et je fortifierai celle qui est malade. Mais je détruirai celles qui sont grasses et vigoureuses. Je veux les paître avec justice.* »

Jésus-Christ, le bon berger

Le ministère du pasteur est peut-être le moins décrit dans tout le nouveau testament. Mais, la vie et les enseignements du Seigneur nous donnent des informations profondes et révélatrices sur ce ministère si capital pour la santé et la croissance de l'Eglise.

Jésus-Christ est le bon berger qui donne sa vie pour ses brebis *(Jn. 10 v 11)*. Il est le modèle parfait, à qui doivent regarder tous les pasteurs. D'ailleurs, le pasteur n'est-il pas une mesure de don de Christ ? Le Seigneur Jésus connait parfaitement ses brebis, et il permet qu'ils le connaissent aussi *(Jn. 10 v 14)*. Il a de la compassion pour elles *(Matt 9 v 36).*

Déjà, sous l'ancienne alliance, des prophéties se rapportant à sa « messianité », avaient prédit l'aspect pastoral de son œuvre : *« Comme un berger, il paitra son troupeau, il prendra les agneaux dans ses bras, et les portera dans son sein ; il conduira les brebis qui allaitent (Esaie 40 v 11) » ; « J'établirai sur elles un seul pasteur, qui les fera paitre, mon serviteur David ; il les fera paitre, et il sera leur pasteur (Ez. 34 v 23) »*

Les pasteurs dans l'Eglise

Dans l'Eglise, un pasteur est un ministre qui est principalement oint pour prendre soin des saints. C'est sa tâche première et fondamentale.

Sans avoir besoin d'être le dirigeant principal d'une assemblée, ce qui appartient principalement aux anciens ou évêques, il assure l'accompagnement spirituel du groupe de chrétiens qui lui sont confiés.

Un pasteur n'a pas obligatoirement besoin d'un pupitre pour exercer son ministère, car il n'est pas forcément prédicateur (ni enseignant). Mais il exerce surtout un ministère de suivi personnel efficace qui touche particulièrement chacun des saints qui lui sont confiés ou qui se sont tournés vers lui pour recevoir de son ministère. Il les accompagne pour les aider à mettre en pratique l'enseignement reçu, et pour les aider à grandir dans la foi et dans la connaissance de Jésus-Christ.

L'Organisation de l'Assemblée Locale

L'Ancien ou Evêque

La réalité des anciens commença, non avec l'Eglise, mais avec Israël, longtemps avant qu'il ne soit une nation, mais lorsqu'il n'était qu'une simple famille. Quand l'Eternel fit appel à Abraham, il était le seul père et chef de sa famille. Il en était le visionnaire et le conducteur. Après sa mort, ce fut son fils Isaac qui porta la vision comme nouveau père de la famille, et donc le nouveau chef. Isaac mourut lui aussi, et Jacob prit la relève, assurant la direction et portant la vision de la famille.

Arrivée en Egypte, la famille fut féconde et se multiplia. Il devint un peuple grand et puissant, mais Jacob n'était plus. Puisque Jacob n'avait pas donné naissance qu'à un seul fils, mais plutôt à douze fils, ceci divisa le peuple en douze grandes familles appelées tribus. Le peuple s'était alors retrouvé sous le leadership et la direction des douze patriarches, étant les pères respectifs de leurs familles. Ils moururent eux aussi, et les plus anciens, c'est-à-dire les plus âgés, étant alors les plus respectés, ceux auxquels on était le plus soumis étaient les nouveaux chefs des différentes familles. Ils assuraient la direction du peuple, et en portaient collectivement la vision.

Les anciens avaient le droit de décision sur le peuple, et ensemble, ils décidaient de la direction spirituelle et organisationnelle de la nation. Ils étaient les nouveaux responsables du peuple.

Les anciens avaient une autorité confirmée sur le peuple. D'ailleurs, ce fut à eux que Moïse ordonna de prendre du bétail et d'immoler la pâque, pour ensuite appliquer le sang avec un bouquet d'hysope, sur le linteau des maisons, pour la protection des enfants d'Israël.

Dieu reconnaissait leur autorité: « *Je ne puis pas, à moi seul, porter tout ce peuple, car il est trop pesant pour moi.*

Plutôt que de me traiter ainsi, tue-moi, je te prie, si j'ai trouvé grâce à tes yeux, et que je ne vois pas mon malheur.

L'Eternel dit à Moïse : Assemble auprès de moi soixante-dix **hommes des anciens d'Israël, de ceux que tu connais comme anciens du peuple et ayant autorité sur lui** *; amène-les à la tente d'Assignation, et qu'ils s'y présentent avec toi.*

Je descendrai, et là je te parlerai ; je prendrai de l'esprit qui est sur toi, et je le mettrai sur eux, afin qu'ils **portent avec toi la charge du peuple***, et que tu ne la portes pas seul. (Nb 11 v 14-17)* »

Dans ce passage, Moïse, ressentant le poids si lourd de la charge du peuple, implora l'Eternel. Dieu lui dit de faire venir auprès de lui soixante-dix hommes **des anciens**, de ceux que Moïse connaissait comme **anciens** du peuple, **ayant autorité sur lui**, pour qu'ils fussent consacrés et reçussent de son onction, de manière à ce qu'ils fussent en mesure de partager avec lui la charge du peuple.

Première remarque, les soixante-dix hommes devaient être choisis parmi les anciens. Deuxième remarque, en tant qu'anciens, ils avaient déjà eu une autorité sur le peuple, et Dieu le savait. Le fait qu'ils étaient des anciens, le peuple acceptait tout naturellement leur autorité.

Les rois mêmes, et toutes les autorités d'Israël, respectaient les anciens. On les consultait pour recevoir de leurs sagesses avant de prendre une décision importante qui engage le peuple : « *Le roi Roboam* **consulta les vieillards qui avaient été auprès de Salomon durant toute sa vie**, *et il dit : Que conseillez-vous de répondre à ce peuple ? 1 Rois 12 v 6,7.* »

Roboam, fils de Salomon, venait à peine d'accéder au trône quand le peuple vint lui demander de lui promettre de faire la différence par rapport à son père dans la façon dont il allait leur traiter. Il décida alors de consulter les anciens pour savoir ce qu'il devait répondre et décider. Ce qui attira le plus mon attention dans ce passage c'est que ces anciens étaient auprès de Salomon durant toute sa vie. Cela confirme que Roboam n'était pas le premier à les consulter. Salomon les avait auprès de lui dans le gouvernement du royaume.

Les Anciens dans l'Eglise

Le terme ancien, du grec *presbuteros*, se rapporte à un homme. C'est un titre, donné à un homme qui est dans l'Eglise, qui souligne sa maturité et l'autorité que celui-ci détient sur elle. Cependant, le mot évêque dérive du mot grec *episkopos* qui signifie gardien protecteur, surveillant. C'est le titre, donné au même homme, qui se rapporte à sa fonction. Alors, le titre d'ancien est donné à un homme qui occupe la fonction d'évêque, c'est-à-dire, de surveillant dans l'église locale. Il surveille et garde l'assemblée.

En effet, la première fois que le terme ancien fut mentionné dans le nouveau testament, se rapportant à l'Eglise, il faisait référence aux responsables d'une assemblée locale *(Actes. 11 v 30)*.

Le Seigneur a organisé l'Eglise en donnant *les uns comme apôtres, les autres comme prophètes, les autres...* Mais, la structure gouvernementale des assemblées locales, il en avait remis la responsabilité aux apôtres, qui, au départ, étaient tous juifs. Ils ont donc organisé les assemblées locales selon le modèle de la communauté juive, en établissant des anciens sur chacune d'elles. Dans l'Epitre de Paul aux Philippiens, nous retrouvons, dans sa salutation, la compréhension de la structure de l'assemblée locale du temps des premiers apôtres. : « *Paul et Timothée, serviteurs de Jésus-Christ, à tous* **les saints** *en Jésus-Christ qui sont à Philippe,* **aux évêques** *et* **aux diacres** *(Phil.1 v 1)* ». Il y avait donc dans l'assemblée locale, les évêques, les diacres et les saints.

L'établissement du titre et de la fonction dans l'Eglise, est clairement prouvé dans les Actes des Apôtres : *« Cependant, de Milet, Paul envoya chercher **les anciens de l'Eglise**… prenez garde à vous-mêmes, et à tout le troupeau sur lequel le Saint Esprit **vous a établit évêques**, pour paitre l'Eglise du Seigneur, qu'il s'est acquise par son propre sang (Actes 20 v 17, 28) »* Le verset 17 parle des hommes, le verset 28 parle de la fonction des mêmes hommes. Les anciens sont les conducteurs de l'assemblée locale.

Si en Israël, l'ancien était le plus âgé, dans l'Eglise, le terme ancien n'évoque que la maturité spirituelle. Il est fréquent de rencontrer de l'insoumission face à l'autorité d'un jeune ancien *(1 Tim. 4 v 12)*. Pourtant, un ancien, jeune ou vieux, jouit d'une autorité spirituelle sur toute l'assemblée locale sur laquelle il est établi, car celle-ci lui est échue en partage, à lui et à tous les autres de son collège.

Dans l'Eglise, ce qui compte vraiment, ce n'est pas le naturel, mais le surnaturel ; ce n'est pas l'âge physique, mais la profondeur spirituelle. Déjà sous une dispensation antérieure, un homme avait saisi cette révélation. Cet homme, du nom d'Elihu, avait fait preuve d'une profondeur qui n'a pas été égalée par la sagesse de ses aînés. Il a dit : *« … Je suis jeune, et vous êtes des vieillards ; c'est pourquoi j'ai craint, j'ai redouté de vous faire connaitre mon sentiment. Je disais en moi-même : Les jours parleront, le grand nombre des années enseignera la sagesse. **Mais en réalité, dans l'homme, c'est l'esprit, le souffle du tout puissant, qui donne l'intelligence ; ce n'est pas l'âge qui procure la sagesse, ce n'est pas la vieillesse qui rend capable de juger**. Voilà pourquoi je dis : Ecoute ! Moi aussi, j'exposerai ma pensée (Job 32 v 6-10). »*

L'autorité d'un ancien s'étend sur tous ceux qui sont membres de l'assemblée qu'il surveille, même sur les vieillards. Par contre, il doit user de la sagesse dans ses rapports avec ceux-ci *(1 Tim. 5 v 1)*.

Beaucoup ne saisissent pas encore la différence qui existe entre les anciens et les dons d'Ephésiens. A cause de cela, la structure qu'ils proposent au Corps de Christ s'avère paralysante. Certains enseignent que tous les ministres sont des anciens ; d'autres affirment que le terme ancien est un autre titre donné au pasteur.

La révélation de la position et de la fonction des anciens dans les assemblées locales doivent être parfaitement appréhendée en cette saison, pour que l'Eglise connaisse une pleine entrée dans sa destinée. Au départ, il y avait les dons de Christ qui constituent la structure de l'Eglise spirituelle et universelle. En revanche, les assemblées locales avaient besoin elles aussi d'être organisées, stabilisées et sécurisées, bien entendu, sans que cela ne nuise à l'unité du Corps, et à l'aspect missionnaire de l'Eglise. Car les ministres, *apôtres, prophètes, évangélistes, pasteurs et docteurs*, ont toujours appartenu à tout le Corps, et non seulement à une assemblée locale. La constance et la fréquence de leur présence dans une assemblée ou dans un milieu, dépendaient du besoin existant. **Cela devrait être su et respecté ainsi dans cette saison**.

Les anciens sont **choisis** et **nommés** par les apôtres, ou par des délégués apostoliques *(Actes 14 v 23)*, de concert avec les saints, sur la base d'instructions apostoliques : « *Je t'ai laissé en Crète, afin que..., **selon mes instructions**, tu établisses des anciens dans chaque ville (Tite 1 v 5)* ». Les instructions apostoliques définissent des critères pour le choix des anciens *(1 Tim. 3 v 1-7 ; Tit. 1 v 5-9)*. En revanche, les dons de Christ ne sont ni choisis, ni nommés par qui que ce soit. Ils sont donnés exclusivement par le Seigneur *(Ep. 4 v 11)* : ***il a donné** les uns comme...* on ne peut en aucun cas, nommé un apôtre, ni un prophète, ni un évangéliste, ni un pasteur... Ce ne sont pas *des postes nominatifs ni électifs*. Les apôtres n'avaient jamais établi des critères pour le choix d'un prophète ni d'un pasteur. Ce sont des dons de Christ.

On peut aspirer à la charge d'évêque *(1 Tim. 3 v 1)*, mais pas à l'apostolat, ni à la prophétie, ni au pastorat : « *Ce n'est pas celui qui se recommande lui-même qui est approuvé, mais c'est celui que le Seigneur recommande (2 Cor. 10 v 18)* ». Ce sont uniquement des appels divins. On ne peut les choisir, on ne fait que les découvrir. Les dons de Christ sont identifiés et reconnus par les apôtres, et par l'Eglise, mais choisis uniquement par le Seigneur.

La vérité est que, les anciens sont des ministres, mais un ministre n'est pas forcément un ancien. Un ancien est un ministre dont la maturité et la profondeur spirituelle et doctrinale, permettent de faire un travail de contrôle, de supervision et d'administration dans les différents domaines de la vie de l'assemblée. C'est pourquoi, il est reconnu comme dirigeant l'église locale *(1 Tim. 5 v 17)*.

Cependant, chaque ancien a au moins un ministère, et plusieurs charismes. Dans le collège d'anciens, chacun travaille plus directement dans son ministère *(1 Tim. 5 v 17)*, comme le directeur principal dans ce domaine. Malgré l'universalité de la responsabilité de l'ancien dans l'assemblée, chacun est affecté principalement au domaine pour lequel il est le plus équipé.

La fonction d'évêque est aussi une dimension de ministère pastoral. En effet, il y a quatre dimensions de ministères pastoraux. Le ministère pastoral de Jésus-Christ en est la première dimension *(1 Pier.2 v 25)*. Le ministère apostolique comporte également une dimension pastorale, c'en est la deuxième *(Jn.21 v 15-17)*. Ensuite, le tâche des anciens, l'épiscopat, a une dimension pastorale, indépendamment du ministère de chaque ancien *(Actes 20 v 28 ; 1 Pier. 5 v 1,2)*. Enfin, il y a le ministère pastoral du simple pasteur *(Ep. 4 v 11)*.

En cette saison, les assemblées ont besoin de la présence et du travail d'anciens ou évêques, auxquels elles sont échues en partage, qui les paitront, *non par contrainte, mais volontairement, selon Dieu ; non pour un gain sordide, mais avec dévouement ; non comme dominant sur* (elles), sachant qu'elles sont placées sous leur garde, *mais en étant leur modèles (1 Pier. 5 v 2-3).*

Le Diacre

Le mot diacre vient du grec *diaconos*, qui signifie serviteur. Il est utilisé plusieurs fois dans le nouveau testament pour faire référence à Jésus *(Rom. 15 v 8)*, à Paul *(1 Cor. 3 v 5)*, à Timothée *(1 Tim. 4 v 6)* et à tout disciple de Christ *(Jn. 12 v 26)*.

Cependant, le diaconat, comme l'épiscopat, est aussi une fonction dans l'assemblée locale. Ainsi, les diacres secondent les anciens dans le gouvernement et l'administration de l'assemblée locale.

L'institution du diaconat dans l'église, a été faite pour répondre à un besoin, pour y pallier un problème. Un groupe particulier de saints, appelés hellénistes, parce qu'ils étaient des juifs de culture grecque, *« murmurèrent contre les Hébreux, parce que leurs veuves étaient négligées dans la distribution qui se faisait chaque jour »*. Face à cette situation, ayant représentée un grand risque de division et de conflit, les douze ont su trouvé la solution administrative qui convenait : l'institution du diaconat. *« Les douze convoquèrent la multitude des disciples, et dirent : Il n'est pas convenable que nous laissions la parole de Dieu servir aux tables. C'est pourquoi, frères, choisissez parmi vous sept hommes, de qui l'on rende un bon témoignage, qui soient pleins d'Esprit-Saint et de sagesse, et que nous chargerons de cette emploi. Et nous, nous continuerons à nous appliquer à la prière et au ministère de la parole... (Actes 6 v 2-4) ».*

La principale fonction des diacres est d'assister les anciens, afin que ceux-ci soient plus efficaces dans leurs ministères. Ils mettent leurs propres talents, leur propre temps et leur propre énergie au service des anciens, et au service de toute l'assemblée, pour que celle-ci puisse continuer à grandir spirituellement en recevant des ministères des dons de Christ, sous la bonne supervision des anciens. Ils discernent et accomplissent les tâches pratiques et prioritaires de l'assemblée, sous le leadership de ses évêques.

Les diacres sont établis eux aussi par un apôtre ou un délégué apostolique, ou par les anciens de concert avec l'assemblée. Leur désignation se fait selon une instruction apostolique qui définit les critères qui conviennent *(1 Tim. 3 v 8-13)*.

Un diacre peut être un ministre ou un saint dont la maturité spirituelle se confirme dans son caractère et par ses œuvres. Dans les deux cas, le diaconat n'annule ni le ministère du ministre, ni le (s) don (s) du saint en question.

En cette saison, bien trop d'apôtres et d'autres ministres, s'embarrassent intentionnellement de certaines tâches administratives et pratiques, qui relèvent de la compétence des diacres, au détriment de leurs ministères. Il est grand temps d'imiter les premiers apôtres, et de cesser de sacrifier le plus cher pour le moins cher. Appliquons-nous donc à la prière et au ministère de la parole, et répondons ainsi au cri du peuple, affamé et assoiffé par notre faute. Retombons sur nos pieds, nous ne pouvons pas tout faire, et ne le devons pas non plus. Soyons ce que nous sommes vraiment en Christ, ce que le Seigneur a fait de nous.

Les Dons de L'Esprit

Au vu et au su de tous, le Seigneur ne s'est pas contenté de donner des apôtres, des prophètes, des évangélistes… à l'Église, mais il a aussi, par le Saint-Esprit, distribué des dons à chaque membre du Corps de l'Eglise, pour l'édification de celle-ci. Chaque don est une capacité spirituelle que reçoit un saint, lui permettant de remplir sa fonction en tant que membre du Corps. L'identification et le développement des dons sont d'une importance capitale pour le Corps. Si un saint ne connaît pas son don, ce n'est pas qu'il n'en ait pas reçu, c'est juste qu'il ne l'a pas encore découvert. Les dons sont particuliers, car, ils sont donnés en fonction de l'identité spirituelle de chaque saint, de leurs positions dans le Corps de Christ, et des fonctions qui leur sont assignées. Le sacerdoce universel des croyants ne signifie pas qu'ils aient reçu les mêmes qualifications. Ceci se fait exactement comme le corps humain, qui est constitué de plusieurs membres et organes différents. Le Corps de Christ aussi est composé de nombreux croyants ayant des fonctions très diverses *(Rom. 12 v 4-8 ; 1 Cor. 12 v 8-11)*. La structure des tâches des membres est essentiellement déterminée par leurs dons spirituels.

Les charismes résultent de l'action du Saint-Esprit dans le croyant, et chacun en reçoit un ou plusieurs. D'ailleurs, chaque personne possède des capacités naturelles, qu'elle soit croyante ou non. Très souvent, le Saint-Esprit transforme les facultés naturelles d'un saint en facultés spirituelles. Ce n'est pas une règle absolue, car il y a des chrétiens dont les capacités naturelles ne sont jamais transformées en charismes. De l'autre côté, des chrétiens se découvrent dans de nouveaux dons qui n'ont rien en commun avec leurs capacités naturelles. Ce qu'il importe de retenir dans tout cela, c'est que quelle que soit l'origine du don, naturelle ou surnaturelle, il devient spirituel sous l'action du Saint-Esprit au service de l'Eglise.

A priori, les dons spirituels ne sont pas donnés en récompense d'un quelconque mérite du saint, ni d'une maturité spirituelle ni d'une solidité de caractère, mais selon la grâce de Dieu. Il faut surtout veiller à ne pas confondre les dons spirituels et le fruit de l'Esprit de *Gal. 5 v 22*. Ce dernier se forme et se développe progressivement dans la vie de chaque saint comme conséquence à son attachement au cep *(Jn. 15)*. En revanche, les dons spirituels sont accordés uniquement selon la grâce de Dieu *(Rom. 12 v 6)*. Ils ne rémunèrent quoi que ce soit, pas même une grande fidélité dans la foi, car ils ne sont pas un salaire. Cependant, au cours de la carrière du saint, il y a beaucoup de privilèges, et même d'autres dons dont il devra être digne.

Toujours est-il que nous devons comprendre en cette saison, que tous les membres du Corps de Christ sont indispensables à sa croissance. C'est pourquoi le Seigneur veille que chacun ait au moins une capacité spirituelle *(1 Cor. 12 v 7-11 ; 1 Pier. 4 v 10)*. Aucun membre du Corps n'est laissé de côté.

Aujourd'hui nous voyons des gens qui occupent des postes dans l'Eglise sans en avoir réellement la capacité, la raison est simple, ils n'ont jamais été appelés par le Seigneur, ou ils n'ont pas vraiment eu un père spirituel qui soit en mesure de les amener à la révélation de leur identité spirituelle, de laquelle résulte toujours la compréhension de la position et de la fonction auxquelles ils sont appelés dans le Corps. L'appel que le Seigneur adresse à un saint marche toujours de connivence avec son identité, et convient toujours au(x) don(s) qu'il a reçu(s) *(Matt. 25 v 14, 30 ... selon sa capacité...)*.

Dans *Romains 12 v 3*, l'apôtre Paul a exhorté les saints à ne pas avoir d'eux-mêmes une trop haute opinion, mais dit-il, *de revêtir des sentiments modestes,* **selon la mesure de foi que Dieu a départie à chacun**. Ce que nous devons comprendre ici, ce n'est pas qu'un saint ne doit pas avoir une haute opinion de lui-même, mais plutôt de ne pas avoir **une trop haute**. Son opinion de lui-même ne doit pas aller au-delà de la mesure qu'il a reçue. Mais elle ne doit pas non plus s'arrêter à un niveau inférieur.

Les différentes mesures données par le Seigneur aux saints sont complémentaires dans l'administration du Corps, de même que le sont aussi les cinq dons de Christ, et le seront toujours. C'est bien cette révélation qu'avait saisie l'apôtre de Christ quand il a dit : « *Maintenant donc il y a plusieurs membres, et un seul corps. L'œil ne peut pas dire à la main : je n'ai pas besoin de toi ; ni la tête dire aux pieds : je n'ai pas besoin de vous. Mais bien plutôt, les membres du corps qui paraissent être les plus faibles sont nécessaires…* » *(1 Cor. 12 .v 20-22).*

La révélation de la relation de complémentarité qui existe entre les différents membres du Corps de Christ, diminuera les risques de divisions et de conflits dans l'Eglise. Souvent, un saint, ignorant ses propres capacités, porte envie contre un autre saint qui travaille plus ou moins bien en utilisant les siennes. D'autres saints se comportent très mal face à certains autres qui, à leurs yeux, leur sont inférieurs, minimisant leur présence et de leur fonction dans le Corps de Christ *(1 Cor. 12 v 22-25)*. Pourtant, la complémentarité est telle, dans le Corps de Christ, que deux saints peuvent avoir le même don dans des proportions différentes ; et un même don peut aussi s'exercer de différentes manières. La sagesse qui administre les dons aux saints refuse qu'il y ait de la suffisance personnelle dans le Corps, mais veut plutôt qu'il soit caractérisé par **l'interdépendance,** "**l'inter-redevabilité**" et "**l'inter-complémentarité**".

Les dons spirituels ne sont pas donnés pour une utilisation provisoire dans le Corps de Christ, mais pour une utilisation continuelle. Ils sont différents **des bénédictions ponctuelles**. Celles-ci sont des grâces, des privilèges accordés à un saint, ou à une église, dans une situation précise et problématique les nécessitant, alors que ce saint, ou cette église, ne les avait pas auparavant. Les bénédictions ponctuelles sont destinées à une utilisation simplement circonstancielle, donc ne vont pas forcément se perpétuer.

Les dons spirituels sont aussi différents **des obligations chrétiennes**, et ne les remplacent pas dans le Corps. Les obligations chrétiennes sont des devoirs universels et obligatoires pour tout chrétien. C'est une façon de dire que tous les saints, même avant de découvrir leurs dons, et indépendamment de ces dons, ont un ensemble d'obligations auxquelles ils ne peuvent pas se dérober. Par exemple, un saint n'a pas besoin d'un don de libéralité pour savoir qu'il doit donner généreusement aux nécessiteux. Certains saints ont une grâce spéciale pour exhorter les autres, mais tous les saints doivent s'exhorter les uns les autres. Je n'ai nullement besoin d'être un évangéliste pour évangéliser un non-croyant.

Quand cette révélation est totalement maitrisée dans le Corps de Christ, deux dangers vont être évités : premièrement, le thème des dons spirituels est souvent un prétexte pour ne pas s'impliquer dans le Corps, c'est-à-dire pour **se déresponsabiliser**. Deuxièmement, ceux qui travaillent dans leurs dons ont parfois tendance **à projeter leurs capacités sur des autres**, qui ne font que remplir leurs obligations chrétiennes ; et à exiger qu'ils agissent avec la même finesse, la même excellence et le même zèle qu'eux-mêmes dans le domaine de leurs dons et de leurs appels, oubliant que pour eux, toute cette finesse, toute cette excellence et tout ce zèle dont ils font preuve sont tout à fait normaux parce qu'ils sont dans leurs dons.

Tous les saints, avant même de penser aux dons et au ministère, doivent chercher à être fidèles dans les obligations chrétiennes, parce que ce n'est que lorsque nous sommes fidèles dans les petites choses que le Seigneur nous confiera les grandes *(Luc 16 v 10)*. Un chrétien qui aspire au ministère doit d'abord chercher à se construire un palmarès de fidélité dans les obligations chrétiennes. Il se rendra ainsi recommandable par ses bonnes œuvres incontestables. Cela contribuera aussi à lui permettre d'avoir de la maturité, par l'expérience, que requiert l'entrée dans le ministère.

Beaucoup ont le désir de voir les dons se cumuler en eux, ou dans leurs assemblées, peut-être pour s'enorgueillir de posséder le plus grand nombre de dons. Mais, ils ignorent que les deux choses qui importent vraiment, sont : d'abord, se concentrer à chercher à être fidèles dans l'exercice des dons qu'ils possèdent déjà au lieu de chercher à en posséder d'autres ; ensuite, chercher à discerner les besoins de leur communauté et de leur saison, car c'est bien en fonction de cela que Dieu distribue les dons. Et pour conserver l'unité du Corps (de l'Eglise), la relation de complémentarité, Dieu donnera à chaque église locale un ensemble de dons, mais jamais la totalité. On trouvera toujours dans une assemblée des dons que l'on ne retrouve pas dans une autre. Les assemblées locales doivent se compléter toutes, selon le plan de Dieu, pour l'avancement de l'Eglise.

Aucun passage du Nouveau Testament ne donne une liste complète des dons. Et en analysant les passages principaux qui traitent de ce sujet, nous nous rendons compte qu'ils ne sont pas similaires *(Rom. 12 v 6-8 ; 1 Cor. 12 v 7-11)*. La Bible ne révèle pas tout l'arsenal de dons que possède le Saint-Esprit, et qu'il peut distribuer dans l'Eglise. Les temps et les circonstances changent, et les besoins aussi évoluent, nous croyons que le Seigneur peut donner à son Eglise des capacités qu'elle n'a jamais connues auparavant, et qui ne sont même pas mentionnés dans la bible.

Comment découvrir son don

Beaucoup trop de chrétiens sont là dans l'Eglise, oisifs, passifs et confus, n'occupant aucune place réellement dans le Corps ou n'étant pas à la place qui est vraiment la leur, comme nous en avons déjà parlé. Il est donc capital qu'ils apprennent comment découvrir leurs dons pour qu'ils soient en mesure de servir dans le Corps, à la place qui leur convient réellement. Ainsi, l'édification du Corps sera effective dans plusieurs régions du monde, où elle n'a été qu'une gageure.

Mais, même après qu'un saint ait découvert un ou plusieurs dons spirituels qu'il a reçus du Seigneur, il ne doit pas immédiatement penser que le processus soit terminé. Car, il demeure possible qu'il ait encore en lui d'autres dons qu'il lui reste à découvrir ; et même, que Dieu peut encore projeter de lui en accorder d'autres, dans un avenir proche ou lointain, où d'autres besoins se feront sentir dans le Corps de Christ, dans sa communauté, ou dans son cheminement vers sa destinée. Pour cela, il doit avoir **un esprit ouvert**.

Pour découvrir son don, il faut ensuite être prêt à s'approcher du donateur. Car, qui est comme lui, capable de révéler à un saint son charisme ? Puisque c'est lui qui le lui a donné par le Saint-Esprit. La **prière** doit donc commencer aussi le processus de la découverte de soi, et doit l'accompagner tout au long de sa durée.

Mais, si vous ne faites que prier, cela n'aura sûrement pas le résultat voulu, car les dons sont donnés dans des perspectives bien définies. En effet, le terme *charisma*, dérivé de *kharizomaï*, s'accentue sur le résultat. Les premiers apôtres ont tous enseigné que les dons spirituels doivent être utilisés pour l'édification de l'Eglise. Mais malheureusement, cela ne se passe pas toujours ainsi dans le Corps. Beaucoup de chrétiens exercent leurs charismes à des fins qui ne satisfont que leur ego. Vous devez donc vous préparer de l'intérieur, pour être ainsi **disponible** pour utiliser vos dons rien que pour l'édification de l'Eglise *(1 Pier. 4 v 10)*, et cela, avec toutes ses implications.

Un handicap sérieux qui peut aussi paralyser ce processus est le manque de **connaissance**. Un simple aperçu des différents dons va être très ralentissant dans votre quête. Vous devez être bien renseigné au sujet des dons.

Cependant, vous devez vous questionner aussi sur votre motivation, car une seule est acceptable, c'est l'**amour** pour le Seigneur, qui procure le **plaisir** de le servir dans et au travers de son Corps. Ce plaisir doit être vu dans le zèle et la fidélité avec lesquels vous remplissez vos obligations chrétiennes.

   Quand nous remplissons nos obligations chrétiennes, cela nous sera très utile parce qu'il nous permettra de faire de **nombreux essais** dans différentes fonctions du Corps. Nous nous découvrirons ainsi plus facilement. Mais il est aussi nécessaire de vérifier **honnêtement** l'efficacité dont vous faites preuve dans les différents services du Corps, si vous voulez vous découvrir pour de vrai. Mais, tenez surtout compte de **l'avis des autres**.

Pour une Pleine Entrée dans sa Destinée

Chaque chrétien possède une identité spirituelle en Christ qui lui est propre. C'est en fonction de cette identité particulière, que ses capacités spirituelles lui sont données. Cette identité lui attribue aussi une position spéciale dans le Corps de Christ, laquelle position est accompagnée d'une autorité également particulière, en vue d'une fonction, d'un rôle qu'il doit remplir dans le plan de Dieu pour le Corps, et peut-être même pour le monde.

Etre dans son rôle, remplir sa part dans le plan de Dieu, constitue la destinée du croyant. Mais nombre de saints ont de la peine à entrer pleinement dans leurs destinées. Ils sont confus, frustrés et n'ont aucune stabilité.

Ce qui leur manque peut être résumé par ce seul mot « **REVELATION** ». Plusieurs n'ont pas reçu la révélation de leur identité spirituelle, ils ne savent donc pas qui ils sont en Christ.

En effet, savoir qu'on est chrétien ne suffit pas ; de même que savoir que j'étais un « Léon » ne pouvait me suffire. Il avait fallu que j'eusse connu mon identité propre. Je suis « Wiftherlin ». Tous les membres de ma famille sont des Léon, mais moi seul suis « Wiftherlin ». Et en tant que seul Wiftherlin, moi seul suis le premier-né de la famille, c'est ma position ; moi seul détiens le droit d'aînesse, c'est mon autorité ; je suis donc le premier fondé de pouvoir de la famille.

Savoir qu'on est membre du Corps de Christ ne suffit pas ; car dans le corps il y a plusieurs membres, et ils sont tous différents. Ils sont œil, oreille, main, pied, etc. Notre position dans le Corps ne dépend que de qui nous sommes. Car, l'œil ne peut en aucun cas se trouver à la place qui revient à l'oreille, ni la bouche à celle qui revient au nez, ce serait monstrueux.

Chacun des membres et organes du corps remplit une fonction particulière. L'oreille par exemple, c'est l'organe de l'ouïe, elle n'est là que pour percevoir les sons. L'œil, l'organe de la vue, est là pour percevoir les images ; le nez, pour percevoir les odeurs, ainsi de suite.
Le nez n'a pas la capacité de percevoir les images, ni l'œil de percevoir les odeurs. Chaque membre du Corps est particulier, et a sa propre identité, sa (ses) propre(s) capacité(s), sa propre position et sa propre fonction.

En cette saison, il y a un manque flagrant de vrais pères ; des pères qui savent engendrer des fils ; des pères qui soient en mesure d'aider leurs fils à se découvrir, en saisissant la révélation de qui ils sont en Christ, et de leurs destinées spirituelles. Les saints sont donc livrés à eux-mêmes, confus, désespérés et perdus dans la foule, ne courant que *comme à l'aventure*, et ne frappant que *comme battant l'air (1 Cor. 9 v 26)*.

Mais cela doit changer. En cette saison, les chrétiens doivent saisir la révélation de leurs identités, et pouvoir entrer pleinement dans leurs destinées, à la gloire du Seigneur.

Tous les saints ont d'abord été connus d'avance par le Seigneur, ensuite prédestinés, puis **appelés**. Ils ne sont pas activement concernés par la connaissance que le Seigneur a eu d'eux dès avant l'existence de toute chose, sinon qu'en devant le savoir. Ils ne sont pas non plus activement concernés par leurs prédestinations ; seulement, ils doivent aussi savoir qu'ils ont une destinée qui a été fixée d'avance.

Ce par quoi ils sont réellement et totalement concernés, c'est bien leur **appel**. L'appel leur arrive directement, et, de par sa vertu révélatrice, il leur apporte beaucoup de révélations capitales. Il leur dévoile le secret de leur identité spirituelle, de la position qui leur est assignée, et de la fonction qu'ils doivent remplir, en gros, **l'appel de Dieu est venu leur révéler leurs destinées spirituelles**.

Mais cela doit passer par quatre étapes nécessaires et incontournables, ce sont : La **conscience**, la **connaissance**, la **vision** et l'**intelligence**.

La Conscience

L'appel de Dieu arrive d'abord et toujours par **la conscience**. Dieu permet qu'une situation, un besoin dans le Corps de Christ, dans notre assemblée locale ou dans la société, nous touche d'une manière particulière, ou nous révolte, et nous interpelle.

C'est un peu comme Moïse, qui, après avoir vécu quarante longues années dans le palais de Pharaon, sans que la situation de ses frères hébreux ne lui dise absolument rien, ressentit soudainement le besoin, la nécessité d'aller leur rendre visite. Le texte dit : « ... *il lui vint dans le cœur d'aller visiter ses frères... (Act. 7 v 23)* ». C'est dans cette occasion qu'il « *fut témoin de (leurs) pénibles travaux* » qui assouvissaient la rapacité de Pharaon, et du fait qu'ils étaient maltraités atrocement et sans arrêt. Cela changea tout le cours de sa vie, **car l'appel de Dieu prenait déjà place dans sa conscience**. Il ne pouvait jamais plus être le fils de la fille de Pharaon.

C'est un peu aussi comme David, qui ressentit en lui-même l'incapacité de rester indifférent en voyant Goliath, cet incirconcis, qui insultait l'armée de son Dieu. L'appel de Dieu était là. Il le ressentait.

Dans cette étape, on dirait que, du fond de nous-mêmes, une voix nous répète sans cesse, nous empêchant même de dormir et de savourer les mets les plus succulents, *« lève-toi, car cette affaire te regarde (Esd. 10 v 4). »*

Quand il nous est simplement impossible de festoyer quand les autres festoient. Quand on commence à regarder le peuple de Dieu d'une autre façon, à regarder le monde autour de nous d'une autre façon, et à se regarder d'une autre façon ; quand tout change autour de nous ; quand les choses qui nous attiraient auparavant ne nous attirent plus ; quand nos objectifs et nos priorités changent ; quand les gens autour de nous commencent à ne plus pouvoir nous comprendre, alors l'appel de Dieu nous arrive par notre conscience.

J'étais encore à l'école classique quand j'ai commencé pour la première fois à ressentir l'appel de Dieu. Je n'étais jamais satisfait des sermons froids et sans résultat qu'on administrait à l'église ; j'étais extrêmement attaché à ma bible et à la prière. J'intercédais pour toutes les églises, pour mes camarades de classe et pour tous les hommes.

A un certain moment de la durée, je ne pouvais même plus suivre les cours convenablement, car je pleurais tout le temps dans la classe. Rares sont ceux qui le remarquaient. Mais une fois, je me tenais devant la classe en l'absence du professeur, regardant les élèves, et je me mis à pleurer, ressentant le fardeau de leurs âmes qui étaient sur le chemin de la perdition. L'un d'entre eux a vu que, en les regardant, je pleurais. Il m'a dit qu'il comprenait ce qui m'arrivait. Mais quand il m'a dit de ne pas trop m'en faire, alors j'ai su qu'il n'avait pas vraiment compris. Je cherchais toujours un endroit silencieux pour prier et intercéder pour les élèves.

Je pleurais dans la rue ; je pleurais chez moi ; je pleurais à l'église ; je pleurais et priais partout. Je ressentais en moi que le monde était perdu et mourant. Le péché des hommes était réel, et l'indifférence et le matérialisme de l'Eglise m'étonnaient et m'outrageaient.

Je me souviens quand le Seigneur m'appelait pour me confier le mandat apostolique pour la restauration de l'Eglise dans la vision primitive, et pour la restauration de l'administration primitive de l'Eglise, j'eus une vision. Je me vis dans une assemblée (j'étais alors membre de cette assemblée) où tous chantaient et dansaient au son des cymbales et des tambourins. Je me tenais alors à l'écart, derrière un mur. Je les regardais, et je pleurais sur leur ignorance et sur l'état dans lequel ils se trouvaient devant le Seigneur. Soudain, la voix du Seigneur se mit à me parler. Sa voix exprimait une tristesse telle que je ne saurais la décrire. Elle me disait : « Frère Léon, prie donc, pour que mon Eglise soit restaurée dans la vision primitive, et pour que l'administration primitive y soit aussi restaurée. » A partir de ce jour, un nouveau zèle n'a jamais cessé de m'animer, jusqu'à ce qu'en 2010, le Seigneur me parla à nouveau et me dit : « Frère Léon, tu te souviens de ce pour quoi je t'avais demandé de prier ? Je te donne le mandat pour sa réalisation. » A cela je répondis, « Seigneur, ce système est tellement orgueilleux, crois-tu vraiment qu'ils vont m'écouter ? » La seule réponse qu'il me donna fut : « Frère Léon, je t'en donne le mandat. »

Comme pour tous ceux que le Seigneur avait appelés avant moi, cela m'était aussi arrivé d'abord par la conscience.

Je me rappelle encore une fois où je fus ravi en esprit, et j'étais avec quelqu'un dans l'espace, c'était le Seigneur. Il m'a demandé de m'approcher un peu, il avait quelque chose à me montrer. Après que je me fus approché, il me montra la terre. Je crois que jamais ce que j'ai vu ne s'effacera de ma tête, et je ne pourrai jamais non plus le décrire.

C'était le chaos total, et pire qu'un désert ; la vie y était à peine possible. Mais ce qui m'a le plus touché, c'était quand j'ai senti qu'une goutte d'eau m'était tombée sur le bras. Je levai la tête pour voir d'où venait cette eau, et j'ai vu que c'était des yeux du Seigneur. Le Seigneur était en train de pleurer, et de m'expliquer ce que cela voulait dire, et que c'est exactement à cause de cette situation qu'il voulait que je renonce à tout pour le suivre, car il a besoin de quelqu'un en cette saison où tout va mal. Il m'a dit : « Le monde a besoin de moi, et moi j'ai besoin d'un homme. »

Quand l'appel de Dieu prend vraiment place en nous, au travers de notre conscience, un nouveau zèle nous dévore. Même quand, pour une raison ou pour une autre, nous essayions d'y résister, il finira sûrement par avoir raison de nous.

La connaissance

Quand l'appel de Dieu prend vraiment place en nous, au travers de notre conscience, il ne va pas rester là. Au contraire, il va passer à la deuxième étape, qui est celle de la **connaissance**. Si par la conscience on ressent l'appel de Dieu sur notre vie, par la connaissance on identifie l'appel. C'est l'étape où le Seigneur nous permet de connaitre clairement ce pour quoi il nous appelle.

Dans l'étape de la conscience, je me disais que je ne peux pas rester sans rien faire, sans que ne je sache vraiment, ou clairement, ce que je devais faire. Mais dans l'étape de la connaissance, je peux me dire que je dois faire exactement ceci ou cela. C'est devenu clair pour moi.

Connaitre son appel c'est d'abord connaitre son/ses don(s) (charisme ou/et don de ministère), mais ce n'est pas que cela. Nous avions expliqué que ce n'est pas suffisant de savoir qu'on est chrétien, mais il faut saisir la révélation de son identité spirituelle, pour pouvoir entrer dans *sa destinée*. La destinée d'un chrétien est la part qui lui revient dans le plan de Dieu, le rôle qu'il doit remplir. Saisir la révélation de sa destinée, n'est donc pas simplement connaitre son don. Ce n'est pas non plus savoir qu'on est prophète, ou évangéliste. L'identité spirituelle ne se résume pas juste à cela. Deux saints ayant le même don, n'ont pas forcément le même appel. Car, **l'appel qui vient de Dieu, définit un mandat clair**. Un même don, ou un même ministère, peut être reçu dans des proportions différentes, et s'exercer de différentes manières. Et c'est en fonction du mandat que cela se détermine. L'appel et l'utilisation du don reçu, ou l'exercice de son ministère, se caractérisent par la spécificité de son mandat.

La connaissance de l'appel de Dieu sur sa vie, c'est aussi des informations bibliques et "révélationnelles" qui se rapportent toute particulièrement, à son don, à son ministère, et à son mandat. On connait son appel quand on sait ce qu'il implique. Par exemple, le niveau d'engagement, le niveau de consécration, le niveau de sainteté, le niveau de discipline, le mode de vie que cela exige ; les compagnies à avoir et celles à éviter ; les connaissances intellectuelles, professionnelles et universitaires nécessaires, etc.

On connait son appel aussi quand on sait précisément où, c'est-à-dire, dans quelle partie du Corps, dans quel secteur de la société ou dans quelle partie du monde est-on appelé à travailler.

On connait son appel quand on connait sa saison, c'est-à-dire, le temps convenable. Car, l'appel définit un mandat clair, et le mandat est caractérisé par *une œuvre précise*, *un temps précis* et *un lieu précis*.

Connaitre son appel n'a jamais été simple chers lecteurs. La connaissance de son appel, je veux dire, la vraie connaissance, se développe et n'est pas reçu en un jour. Comprenez alors que cela ne se résume pas à un songe, ni à une vision, ni même à une parole prophétique. Ils sont tous nécessaires certes, pour compléter la somme d'informations qui nous donnera enfin la vraie connaissance de notre appel. Mais quand on se contente d'un songe ou d'une parole, on risque de monter sur un sentier qui nous est presque totalement inconnu, et échouer avant même de commencer.

La vision

Lorsque nous parvenons vraiment à la connaissance de notre appel, cela change radicalement notre vision du secteur du Corps, ou du monde, où nous sommes appelés à œuvrer. Nous en développons une vision nouvelle, qui définit pour nous un but précis à atteindre, un objectif à réaliser. D'emblée, cette vision est vocationnelle et ministérielle, parce qu'elle se développe en fonction, et dans la limite, de notre appel, et qu'elle est pratique.

Dans la conscience, l'appel se fait sentir ; puis il se précise, par le moyen de la connaissance, en définissant un mandat clair. Et, c'est dans le mandat que se caractérisera la vision.

En effet, dans la grande vision du Corps de l'Eglise, se développent diverses visions vocationnelles et ministérielles, se rapportant aux diverses fonctions des membres du Corps. Chacun, est en quelque sorte un visionnaire dans le Corps, parce que, chacun porte une vision vocationnelle et ministérielle, qui répondra à un besoin, ou à un ensemble de besoins, dans le Corps. Ce sont toutes les visions vocationnelles et ministérielles des saints, qui se combinent et se complètent, pour réaliser la grande vision du Corps.

Voilà pourquoi, la présence et la fonction de chaque membre du Corps sont indispensables à son édification. Voilà aussi pourquoi la révélation de l'identité des saints est capitale pour tout le Corps.

Dieu a prévu des provisions pour la réalisation de chaque vision vocationnelle et ministérielle dans l'Eglise, en désignant *la force qui convient à chacune de ses parties (Ep. 4 v 16),* lui permettant de s'édifier. Cette provision est une mesure de grâce particulière. Cette mesure de grâce comporte une mesure spéciale de foi, une mesure spéciale de sagesse, une mesure spéciale d'intelligence spirituelle, une mesure spéciale de puissance et d'autorité, tout ce dont on aura besoin pour être en mesure d'accomplir ce pour quoi on a été appelé.

Notre vision doit vraiment prendre place en nous. Cependant, elle ne prendra pas place en un jour. Mais, elle prendra le temps de se développer, pour enfin s'imposer avec toutes ses implications et ses obligations. Une vision vocationnelle et ministérielle n'est pas complète avant de définir des obligations qui lui sont propres. De même qu'une vision sans provisions ne deviendra jamais une réalité, de même aussi, une vision avec des implications ignorées ou négligées, échouera à coup sûr.

Il n'y a pas de vision sans provisions, il n'y a pas non plus de vision sans implications. C'est une vérité incontournable. Souvent, on fait le choix, pourtant insensé, de se concentrer uniquement sur les provisions, et non aussi sur les implications de la vision. Pourtant, n'est-il pas écrit que l'athlète n'est pas couronné s'il n'a pas combattu suivant les règles *(2 Tim 2 v 15)* ? N'est-il pas aussi écrit que l'on demandera beaucoup à qui l'on a beaucoup donné, et que l'on exigera davantage de celui à qui l'on a beaucoup confié *(Luc 12 v 48b)* ?

Il est évident que dans la vie, le niveau de succès est conditionné aussi par le niveau de discipline. Aussi chaque vision vocationnelle et ministérielle implique un niveau de discipline, caractérisé par un niveau de consécration, un niveau de sainteté, et d'autres obligations qui lui sont propres, qui conditionnent sa réalisation, son succès « *Tous ceux qui combattent s'imposent toutes espèces d'abstinences... (1 Cor. 9 v 25a).*

Il est puéril de penser pouvoir entrer vraiment, voire pleinement, dans sa destinée sans une vision vocationnelle et ministérielle. On ferait beaucoup de choses, pour enfin se rendre compte qu'on a rien fait du tout, parce qu'on n'a pas fait ce qu'on aurait dû faire ; et si on l'a fait, on ne l'a pas fait comme on aurait dû.

Il faut laisser du temps au temps. Prenez donc le temps d'approcher le grand visionnaire de l'Eglise, d'être avec lui, et il vous communiquera votre part dans la vision, votre vision vocationnelle et ministérielle. Mais, pour cela vous devrez vous réveiller d'abord de votre sommeil d'insouciance, vous relevez d'entre les morts, tués par l'esprit religieux, et Christ vous éclairera *(Ep. 5 v 14)*.

L'intelligence

La connaissance peut être là, et la vision aussi, pourtant on avance quand même péniblement, portant des fruits rachitiques. A force de commettre des erreurs, on y prend plus qu'une veste, dans notre œuvre et dans nos efforts d'entrée dans notre destinée. A ce moment, le doute, le découragement les critiques malveillantes des autres peuvent être des armes puissantes entre les mains de l'ennemi pour nous obliger à rebrousser chemin.

Par contre, nous devons savoir que ce qu'il nous faut dans ces moment-là, ce n'est pas de douter de ce que nous sommes, ni de notre destinée ; ce n'est pas non plus de nous décourager, ni de prêter trop d'attention aux critiques malveillantes des autres, mais, et peut-être seulement, **l'intelligence de notre appel**.

L'intelligence de notre appel est surnaturelle et non naturelle ; elle est spirituelle et non charnelle ; elle est "révélationnelle" et expérimentale et non théologique. Là où les méthodes et stratégies théologiques sont dépassées et échouent, elle s'impose, trouve la solution et réussit. Là où la logique et la raison humaines trébuchent et acceptent la défaite, elle dévoile une ouverture, apparemment folle et illusoire, mais qui conduit à la victoire.

L'apôtre Paul a parlé de la richesse de la grâce du Seigneur qu'il a *« répandue abondamment sur nous, par toute espèce de sagesse et d'intelligence... (Ep. 1 v 7, 8) »*. Chacun a besoin de SON espèce de sagesse et d'intelligence pour être en mesure d'entrée pleinement dans sa destinée. L'intelligence dont nous parlons ici, c'est une maitrise, c'est-à-dire, une mûre compréhension de notre appel, dans toutes ses facettes, et de ses paramètres spirituels.

Pour cette étape, la maturité est de première importance, et devient une nécessité. Car, l'intelligence de l'appel est indubitablement le fruit de l'expérience. C'est pourquoi, un saint ou un jeune ministre, pour entrer pleinement dans sa destinée, a besoin d'un autre qui soit plus mûr que lui, ou plutôt d'un père spirituel, pouvant le guider sur le chemin, cahoteux et truffé de mystères, de sa destinée. Sinon, il échouera très probablement, ou aura bien trop d'erreurs à corriger et de dégâts à réparer, quand enfin il comprendra.

En fait, cheminer seul est un danger. Vous vous demandez peut-être pourquoi. C'est parce que pour développer votre propre intelligence, il vous faut de l'aide, de l'assistance d'une intelligence supérieure. Face au triste constat de votre inefficacité, malgré votre zèle, et tant d'énergie dépensée dans le jeûne, les veilles, etc., peut-être avez-vous besoin, comme Moïse, d'un Jéthro qui soit en mesure de vous dire « *Ce que tu fais n'est pas bien. Tu t'épuiseras toi-même, et tu épuiseras tout ce peuple qui est avec toi ; car la chose est au-dessus de tes forces, tu ne pourras y suffire seul. Maintenant écoute ma voix, je vais te donner un conseil, et que Dieu soit avec toi ! Sois l'interprète de ce peuple devant Dieu. Enseigne-leur les ordonnances et les lois ; et fais-leur connaitre le chemin qu'ils doivent suivre, et ce qu'ils doivent faire. Choisis parmi tout le peuple des hommes intègres, et ennemis de la cupidité ; établis-les sur eux comme chefs de mille, chefs de cent, chefs de cinquante et chefs de dix. Qu'ils jugent le peuple en tout temps ; qu'ils portent devant toi les affaires importantes, et qu'ils prononcent eux-mêmes sur les petites causes. Allège ta charge, et qu'ils la porte avec toi. Si tu fais cela et que Dieu te donne des ordres, tu pourras y suffire, et tout ce peuple parviendra heureusement à sa destination ().* »

En scrutant ce passage, nous arrivons à la compréhension que ce qu'il manquait à Moïse, ce n'était ni la conscience, ni la connaissance, ni même la vision, mais l'intelligence de son appel. C'est pourquoi utilisait-il cette méthode qui, comme le lui a dit son beau-père, le fatiguait et fatiguait le peuple, sans être capable de porter de bons résultats.

Comment développer l'intelligence de l'appel ?

– Premièrement, il faut avoir un vrai père spirituel, ou au moins quelqu'un qui puisse vous guider.
– Deuxièmement, il faut développer un tête-à-tête avec le Seigneur, c'est-à-dire, une intimité, une communion personnelle.

Pas besoin de critiquer le fait que je place le besoin d'avoir un père spirituel avant celui d'avoir un tête à tête avec le Seigneur. Souvenez-vous que Samuel avait d'abord besoin de l'instruction de son père spirituel Eli, pour sa croissance. Et même quand arriva le temps d'entrée personnellement en tête à tête avec Dieu, il avait encore besoin de l'assistance d'Eli *(1 Sam. 3 v 1-11)*.

A moins que la souveraineté du Seigneur en décide autrement, il est une obligation de le servir d'abord devant quelqu'un d'autre qui saura être notre père, notre maitre et notre guide, si nous voulons vraiment avoir du succès dans notre cheminement vers notre destinée. Josué était serviteur de Moïse avant d'être serviteur de l'Eternel, qui lui-même était le Dieu de Moïse avant d'être celui de Josué : « *Après la mort de* **Moïse***, serviteur* *de l'Eternel*, *l'Eternel dit à **Josué**, fils de Nun, **serviteur de Moïse** (Josué 1 v 1). »*

Pour un Ministère Efficace

Pendant les longues années où je travaillais à la prédication et l'enseignement en Haïti, ce qui m'a amené à apporter du ministère dans plusieurs régions du pays, j'ai pu voir tellement d'églises chétives et inaptes à se développer comme des organismes vivants... Les déficiences dans certaines assemblées sont telles qu'on n'a pu y élever que des croyants qui ne sont jamais arrivés à être de vrais disciples- car le vrai disciple est celui qui fait des principes de son maître la base de sa vie, et qui est en mesure de les manifester *(Luc 6 v 40, Jn. 14 v 12)* ; que le péché, assis confortablement en leur sein, n'est aucunement dérangé ; et que l'occultisme non impressionné, s'infiltre dans tous leurs niveaux hiérarchiques.

En scrutant et en méditant la parole de Dieu, j'arrive à la compréhension que toute cette situation est corollaire de l'absence de l'ordre divin dans les assemblées contemporaines. Au vu et au su de tous, un système pastoral et scindé en dénominations a remplacé la structure apostolique de l'Eglise *(Ep. 4 v 11)*. Laquelle structure est donnée par le Seigneur lui-même *pour le perfectionnement des saints, en vue de l'œuvre du ministère et de l'édification du Corps de Christ, jusqu'à ce que nous soyons tous parvenus à l'unité de la foi et de la connaissance du Fils de Dieu, à l'état d'homme fait, à la mesure de la stature parfaite de Christ, afin que nous ne soyons plus des enfants, flottants et emportés à tout vent de doctrine, par la tromperie des hommes, par leur ruse dans les moyens de séduction, mais que, professant la vérité dans la charité, nous croissions à tous égards en celui qui est le chef, Christ.*

Beaucoup de pasteurs peinent et se découragent par le manque de croissance de leurs assemblées. D'autres se contentent d'une croissance évaluée par le nombre et l'administration, ou par l'arrivée des sponsors. Et les saints ne sont toujours pas perfectionnés.

En effet, jamais le perfectionnement ne serait possible quand les instruments divins de perfectionnement sont annulés dans les assemblées. Le pastorat ne peut pas, à lui seul, amener le perfectionnement des saints, en vue de l'œuvre du ministère et de l'édification du Corps de Christ. Le système pastoral ne peut pas, et, dans certains endroits, ne souhaite pas amener les chrétiens *à l'unité de la foi et la connaissance du Fils de Dieu*. Car, bastion de l'esprit religieux et des traditions, il se divise en d'innombrables corps et structures dont le capitalisme et la concurrence ne sont rien moins qu'anti-ecclésiastiques. L'esprit religieux et les traditions divisent l'Eglise, seule la foi en Christ, et sa connaissance, peut la réunir.

Dans ce système, des hommes s'autoproclament pasteurs, surintendants ou évêques à leur guise. D'autres sont établis à ces « postes » et à bien d'autres non scripturaires mais crées par l'homme, juste parce qu'ils détiennent un diplôme en théologie, ou qu'ils sont fils de pasteurs, et pour pleins d'autres raisons encore aussi charnelles que pernicieuses et diaboliques.

Quoique cette situation ait prévalu dans bien des assemblées depuis longtemps et partout dans le monde, un mouvement de réforme et de restauration apostolique a tout de même commencé dans certaines régions depuis plus d'une vingtaine d'années. Beaucoup d'églises locales traditionnelles, sous le leadership de leurs visionnaires, se sont engagées dans une transition vers la révélation et la structure apostoliques. Comme j'en ai parlé dans les chapitres précédents, elles font l'expérience que Dieu appelle encore aujourd'hui des hommes et des femmes pour les revêtir de ministères d'apôtres, de prophètes, d'évangélistes, de pasteurs et de docteurs. Elles croient que l'office apostolique et prophétique est capital pour l'entrée de l'Eglise dans sa destinée *(1 Cor. 12 v 28)* ; elles croient que l'office apostolique et prophétique d'un ministre doit être démontré par des fruits concrets *(Act. 13 v 1-4 ; 2 Cor. 12 v 12)* ; elles croient que l'église locale apostolique est la fondation pour un ministère apostolique pour l'accomplissement de la grande commission ; elles croient en la manifestation et la démonstration du Saint-Esprit *(1 Cor. 2 v 4, 5 ; 4 v 20)* ; elles croient que le leadership apostolique et prophétique est appelé à chercher et à recevoir la sagesse stratégique de Dieu pour l'avancement de l'Eglise ; elles croient en la reconnaissance, la restauration et l'ordination de tous les dons de Christ *(Ep. 4 v 11)*.

Cependant, de l'inefficacité et de l'infirmité sont encore perceptibles - pour ceux dont les sens spirituels sont plus ou moins éveillés - même dans les ministères d'un nombre important des ministres de ces assemblées, voire des autres, quand on les considère au travers des résultats négligeables, tant dans la vie des chrétiens que dans le monde qui les entoure, qu'ils ont réussi à apporter.

La bible explique que Dieu forme le dessein de faire paraître devant lui *« cette Eglise glorieuse, sans tâche, ni ride, ni rien de semblable, mais sainte et irrépréhensible (Ep. 5 v 27) »*. Ceci ne peut être que le fruit de l'œuvre des dons de Christ établis pour le perfectionnement de l'Eglise. Ils sont les principaux canaux par lesquels se répandent les diverses grâces de Dieu, destinées à produire cette Eglise glorieuse, ... sainte et irrépréhensible que le Seigneur projette de faire paraître devant lui.

Les Eglises expérimentent rarement et difficilement les œuvres de Dieu, parce que leurs ministres ne saisissent que rarement et difficilement les voies de Dieu : *« il a manifesté ses voies à Moïse, ses œuvres aux enfants d'Israël (Ps 103 v 7) »*.

Une attention toute particulière doit donc être accordée aux ministres qui, eux, ont besoin de savoir comment être efficace.

L'appel

Ne vous êtes-vous jamais demandé, amis lecteurs, comment et pourquoi une personne qui se dit être un ministre de Dieu peut ne jamais porter de fruits convaincants ? En fait, il y en a beaucoup dans cette situation. Ils publient presque avec solennité leurs ministères, alors que dans leurs œuvres, on ne remarque que grossièreté et stérilité. Et quand des fruits, ils en portent, ils s'avèrent rachitiques.

Pour commencer à cheminer vers l'efficacité, il faudrait, de prime abord, que ces ministres-là commencent par, franchement, se poser des questions. Des questions qui tourneraient à priori autour de leur appel. Ces questions doivent à tout prix être précises et les réponses limpides.

Ils devraient commencer par se demander personnellement : « Avais-je reçu un appel de Dieu pour le ministère que je remplis ? » Certains jugeront déplacé le fait de leur suggérer, après tant d'années de ministères, de se poser une pareille question. Et, remplis d'eux-mêmes, ils lanceront des répliques aussi sévères qu'orgueilleuses et insensées, tout en rappelant qu'ils ont... qu'ils ont... et qu'ils ont..., oubliant que *ce n'est pas celui qui se recommande lui-même qui est approuvé (2 Cor.10 v 18a)*.

Chers lecteurs, avoir reçu un appel venant de Dieu, et non des hommes est de fait, la première condition sine qua non pour pouvoir faire un ministère efficace. Vous devez avoir la certitude d'avoir été choisi par Dieu pour ce ministère que vous remplissez. Le sentiment d'avoir reçu un appel est la clé du succès pour tout ministère. Chaque ministre travaillant dans un ministère doit avoir la certitude qu'il y a été appelé. En effet, il est possible que l'inefficacité dont vous rougissez résulte du fait que vous n'ayez pas été recommandé par le Seigneur de l'Eglise, ou que vous ne soyez pas au poste auquel il vous a recommandé. Dans les deux cas, vous n'êtes pas approuvés. Et si vous n'avez pas son approbation, le choix sage et chrétien qui vous reste serait de vous désillusionner et commencer par rechercher sérieusement la connaissance de votre appel divin. Ainsi, vous aurez tout gagné, et le peuple de Dieu aussi.

Le temps

Beaucoup me diront : « mais, dans l'éventualité où un ministre aurait réellement été appelé par le Seigneur et que, quoique cela, il se voit dans l'incapacité de porter des fruits convaincants, que doit-il faire ? » Certaines personnes vont répondre que cela n'est pas du tout possible. Mais moi, je reconnais que c'est le malheureux vécu de plus d'un, et le quotidien de beaucoup d'autres. Nombre de raisons occasionnent de tels cauchemars ministériels.

Pour ma part, j'enchainerai en suggérant encore qu'un ministre qui se trouve dans une telle situation se pose des questions. Et la question essentielle pour cette fois serait : « Avais-je attendu le temps de Dieu pour entrer dans le ministère ? » Le Seigneur, vous n'imaginez pas combien d'importance il accorde au temps, et il est capital de toujours attendre le sien pour commencer son œuvre. Dans *Actes 7 v 22-25*, nous lisons que *« Moïse fut instruit dans toute la sagesse des Egyptiens, et il était puissant en paroles et en œuvres. Il avait quarante ans, lorsqu'il lui vint dans le cœur d'aller visiter ses frères, les fils d'Israël. Il en vit un qu'on outrageait, et prenant sa défense, il vengea celui qui était maltraité, et frappa l'Egyptien. Il pensait que ses frères comprendraient que Dieu leur accordait la délivrance par sa main ; mais ils ne comprirent pas. »*

Au moment où l'appel de Dieu prenait place dans la conscience de Moïse, il ressentit le besoin d'aller rendre visite à ses frères. Mais là étant, il va prendre connaissance de la situation réelle des fils d'Israël tant et si bien que pour lui c'était déjà le moment d'agir. N'ayant su se contenir, il précipita les choses en tuant un Egyptien. En faisant cela, le texte dit qu' *« il pensait que ses frères comprendraient que Dieu leur accordait la délivrance par sa main... »* Moïse était donc convaincu que Dieu l'avait choisi pour la délivrance du peuple, et il ne s'était pas trompé. Mais il avait décidé d'agir seul sans même attendre les instructions de Dieu. Il avait espéré que le peuple allait comprendre mais ce fut en vain. Et pourquoi le peuple n'avait-il pas compris ? Parce que le temps n'était pas encore venu. C'était donc normal que cette tentative de Moïse se soit soldée par un échec, parce qu'il n'avait pas attendu le temps de Dieu.

Le temps de Dieu est, par le fait, le vôtre. C'est le temps où vous serez véritablement prêt pour le ministère. Quoique Dieu vous ait appelé, il ne vous engagerait jamais sur les sentiers inconnus et dangereux du ministère sans s'être assuré au préalable de votre complète préparation. Le Seigneur Jésus a mis trois années pour préparer ses disciples à qui il allait confier l'apostolat. L'Eternel en a mis quarante pour la préparation de Moïse. Que dire des cas de David, de Samuel et des prophètes comme Elisée ? En effet, par l'entremise d'Elie, Dieu avait appelé Elisée au ministère prophétique *(1 Rois 19 v 16, 19-21)* bien avant d'avoir été lui-même relâché, d'avoir reçu sa part d'onction et d'avoir pu commencer son ministère.

Alors examinez-vous vous-mêmes, et voyez si vous n'aviez pas été naïvement trop pressés, ou peut-être mal orientés par des personnes, ou des circonstances, qui vous ont fait croire que vous étiez prêts, tandis que vous n'aviez que l'appel et quelques dons que vous exerciez peut-être plus ou moins bien.

Si donc vous êtes de ce si grand nombre de ministres qui ont été appelés par le Seigneur, et dont l'efficacité spirituelle et ministérielle se trouve entravée par le fait qu'ils n'ont pas attendu son temps pour commencer, je vous suggérerais sérieusement un temps de recyclage, pendant lequel vous arrêterez de faire du ministère. Vous allez employer ce temps à chercher Dieu dans la prière et le jeûne, et dans la lecture et la méditation de la bible, tout en vous disposant à écouter sa voix ; à vous trouver, sous la direction du Saint-Esprit, un homme ou une femme de Dieu qui saura compléter votre formation spirituelle et ministérielle, et vous suivre ; à vous appliquer à être fidèle à vos obligations chrétiennes, car un chrétien n'ayant pas été fidele à ses obligations chrétiennes ne se verra jamais à même d'entrer dans le ministère sous d'heureux auspices, c'est-à-dire, avec le plein soutien de Dieu. Car, sait-il pertinemment, seul un chrétien fidèle pourra être un ministre fidèle ; et enfin, à toujours vous rappeler que seul aussi un chrétien puissant sera un ministre puissant.

Cette suggestion ne va pas plaire à monsieur tout le monde, j'en ai conscience. Car certaines personnes semblent trop aimer leurs « ministères » pour faire le choix tellement dur, mais tellement sage et tellement chrétien d'ailleurs, de préférer la réalité de leurs appels à des titres ou à des positions, ou encore à une certaine considération.

Il ne faut jamais chercher la gloire qui vient des hommes, ni avoir honte de faire la volonté du Seigneur, quel qu'en soit le prix.

L'onction

Quand le Saint-Esprit eut parlé aux prophètes et aux docteurs de l'église d'Antioche, il leur a dit : « *Mettez-moi à part Barnabas et Saul pour l'œuvre à laquelle je les ai appelés (Act. 13 v 2).* » Plusieurs, en cette saison, sous-évaluent l'importance de la consécration pour entrer dans le ministère. « Le Seigneur m'a appelé, et cela me suffit » pensent certains. D'autres acceptent négligemment, et innocemment quelquefois de se faire consacrer par des personnes qui n'en ont pas vraiment l'autorité. Et, des ministères médiocres s'ensuivent toujours.

Plus haut j'ai expliqué que sous l'ancienne alliance il y eu trois onctions principales : l'onction sacerdotale, l'onction prophétique et l'onction royale. Quand l'Eternel faisait appel à quelqu'un à son service pour être sacrificateur, prophète ou roi, il était obligatoire qu'il fût consacré par une autorité spirituelle ayant ce mandat. La consécration consistait surtout à verser de l'huile d'onction sur la tête du « candidat » *(Ex. 29 v 7 ; 1 Sam. 10 v 1 ; 1 Rois 19 v 16)*, ou à lui administrer une imposition des mains. *(Nombres 27 v 18)*. De cette façon, il était mis à part pour l'œuvre à laquelle il avait été appelé. Et c'est bien à ce moment aussi qu'il reçut l'approvisionnement spirituel pour le travail qu'il devrait accomplir.

L'onction a toujours été primordiale pour entrer dans le ministère. C'est une mesure de l'Esprit de Dieu chez une personne ou sur elle, afin qu'elle puisse se tenir dans la position ou dans la fonction à laquelle Dieu l'a appelée. Dans l'ancien testament, le mot oindre signifiait frotter quelque chose avec une substance (le plus souvent c'était avec de l'huile) pour l'imprégner jusqu'à saturation.

Nous avons tous reçu une onction, une mesure de l'Esprit qui vient habiter en nous à notre nouvelle naissance *(1 Cor. 6 v 16)*. Cependant, par le baptême du Saint-Esprit, nous recevons une autre onction qui vient **sur** nous. C'est une autre mesure de l'Esprit. Certaines personnes pensent que si nous avons reçu le Saint-Esprit à notre nouvelle naissance, nous n'avons pas besoin de le recevoir à nouveau.

Nous avons certes reçu du Saint-Esprit à notre nouvelle naissance. Néanmoins, nous devons comprendre qu'il nous est donné avec mesure. Nous pouvons donc recevoir davantage, ou, en d'autres termes, nous pouvons recevoir une autre mesure de l'Esprit qui peut venir sur nous, et non plus en nous. Un des symboles du Saint-Esprit c'est l'eau, et rappelons-nous que l'eau se mesure en quantité. Jean-Baptiste avait témoigné que *le Père ne lui* (au Seigneur Jésus) *donne pas l'Esprit avec mesure (Jean 3 v 34)*. Mais ce n'est pas du tout le cas pour nous.

Quand nous sommes appelés par le Seigneur, nous recevons aussi une mesure de l'Esprit pour notre préparation. Pendant ce temps, si nous demeurons dans l'adoration et la louange de notre Dieu et du Seigneur Jésus-Christ, si nous pratiquons la discipline spirituelle de la prière, du jeûne, des veilles de nuit, de l'étude et de la méditation de la parole de Dieu, si nous nous laissons former et grandir sous l'influence d'hommes et de femmes de Dieu plus mûrs que nous, si nous sommes fidèles à nos obligations chrétiennes, nous verrons cette onction grandir. L'onction grandira au fur et à mesure de notre propre croissance.

Par ailleurs, quel que soit le degré avec lequel cette onction agit sur nous, nous ne devons pas commettre l'erreur de précipiter notre entrée dans le ministère. Nous pouvons prêcher, enseigner, évangéliser... mais ne devons pas cesser de suivre la personne ointe que le Seigneur a mise sur notre chemin pour notre préparation. Nous devons suivre cette personne et la servir, afin de bénéficier de son influence, et de baigner dans l'onction qui repose sur elle. Pourquoi partir prématurément pour commencer notre ministère en voyant la manifestation de la puissance de Dieu dans notre vie, sans toutefois atteindre le niveau convenable de maturité, tandis que l'onction que nous manifestons à ce moment, n'est fonctionnelle que pour nous initier dans le ministère.

C'est toujours au Saint-Esprit que revient le droit de décider du temps pour nous d'entrer dans le ministère pour lequel il nous a appelés. Ce temps est celui divinement choisi pour la transmission intégrale de l'onction dont nous avons besoin pour nous tenir efficacement dans notre mandat. La responsabilité de Dieu quand ce temps arrive, est de nous oindre. Mais le degré avec lequel cette onction va venir sur nous dépend de deux principaux facteurs, dont l'un est divin et l'autre humain.

Premièrement, comprenons que l'Apôtre, le Prophète, l'Evangéliste, le Pasteur et le Docteur sont cinq ministères différents, qui ne requièrent pas le même niveau d'onction puisqu'ils n'ont évidemment pas les mêmes obligations et implications. Cependant, le degré avec lequel l'onction va venir dépend plus du niveau de ministère auquel chacun est appelé. Deux apôtres, deux prophètes, deux évangélistes n'ont pas forcément le même niveau de ministère, et par conséquent, pas le même degré d'onction non plus.

C'est le Seigneur qui en décide. Il a dit : « *On demandera beaucoup à qui l'on a beaucoup donné, et on exigera davantage de celui à qui l'on a beaucoup confié (Luc 12 v 48b)* » Je crois que ce qu'il a aussi voulu dire ici, c'est qu'on a beaucoup donné à qui l'on demandera beaucoup, et qu'on a beaucoup confié à celui de qui l'on exigera davantage.

Deuxièmement, l'onction est basée sur une relation, et non sur une formule ; elle est la présence tangible de Dieu, et non une religion. Si pendant la période de notre préparation, nous avions pris le temps de nous construire une bonne relation avec le Seigneur, et si, après avoir été relâchés, nous continuions à nourrir cette relation, et ainsi, à faire en sorte qu'elle grandisse, nous verrions cette onction venir et agir sur nous avec une véritable démonstration d'Esprit et de puissance. Car l'onction est basée sur une relation et non sur une formule. Autant notre relation avec le Seigneur grandira, autant nous verrons notre onction se développer elle aussi.

Si donc nous avions pris le temps de chercher à pratiquer une piété authentique, avec ce qui en fait la force, c'est-à-dire d'aller courageusement plus loin que la religion, et continuons de le faire, nous ne pourrons que voir l'onction qui repose sur nous « impactant » et transformant la communauté vers laquelle nous sommes envoyés.

Si aussi nous nous dégageons de tout esprit religieux, nous verrons notre onction s'affirmer, se confirmer et s'imposer. Par contre, la religion tuera l'onction.

Quand ce temps arrive vraiment, il est aussi important que la personne qui vous relâchera en vous imposant les mains, soit une autorité spirituelle supérieure ointe, avec une onction confirmée. Souvenez-vous, chers lecteurs, que la bible dit que : « *Josué, fils de Nun, était rempli de l'esprit de sagesse, car **Moïse avait posé ses mains sur lui**... (Dt. 34 v 9).* » L'esprit de sagesse, grâce provisionnelle faisant partie de son onction, lui a été transmis parce que Moïse lui avait imposé les mains. Son onction lui a été transmise par une autorité spirituelle supérieure ointe, mandatée pour la lui transmettre. Souvenez-vous aussi de Timothée. Voici deux exhortations qui lui ont été adressées par son père spirituel : « *C'est pourquoi je t'exhorte à ranimer le don de Dieu **que tu as reçu par l'imposition de mes mains** (2 Tim. 1 v 6).* » ; « *Ne néglige pas le don qui est en toi, et qui t'a été donné par prophétie, **avec l'imposition des mains de l'assemblée des anciens** (1 Tim. 4 v 14)* »

Quand celui qui vous impose les mains n'a rien, vous ne recevrez rien. Quand celui qui vous impose les mains a peu, vous recevrez peu.

Les obligations

Il y a encore beaucoup d'autres choses qui peuvent être génératrices d'inefficacité dans le ministère. J'en ai fait une liste, qui est loin d'être exhaustive, que j'ai nommée *les obligations*. Quand vous aurez été relâchés, votre efficacité va surtout dépendre de la fidélité avec laquelle vous faites le ministère du Seigneur. Laquelle fidélité sera définie par le respect dont vous allez faire montre à l'égard de certains principes.

Certaines fois dans la vie, nous ne faisons que constater notre impuissance. Nous sommes incapables de croître, de progresser ou de prospérer. Notre pauvreté tellement évidente nous afflige sans que nous ayons la capacité de comprendre le problème et d'en trouver une solution. Nous recevons des conseils souvent inefficaces parce qu'inappropriés, et notre situation persiste.

Je ne voudrais surtout pas que vous ignoriez amis lecteurs, que la vie est faite de principes et de règles, et le ministère également. L'ignorance des principes engendre toujours l'échec, la défaite et la honte. Le succès est toujours le résultat d'une bonne application des principes appropriés et du respect des règles. Le manque de connaissance des principes amène l'échec, aussi bien que le choix de ne pas les appliquer.

Je connais une loi, présente dans toutes les sphères de la vie, qui est la loi de la semence et de la moisson. C'est de cette loi que, dans cette partie de l'ouvrage, je me propose de vous parler. Certaines personnes ont été élevées à la campagne, où l'on pratique le plus l'agriculture, et ont, de ce fait, une connaissance beaucoup plus étendue et approfondie. Contrairement à moi qui ai grandi à Port-au-Prince, ils pourraient mieux élaborer et présenter ce sujet ayant justement rapport à l'agriculture. Mais je crois tout de même en savoir quelque chose.

Avant tout, nous devons savoir que bien comprise, la loi de la semence et de la moisson se révèlera truffée d'enseignements et de révélations. En effet, elle nous ouvre les yeux sur l'incontournable relation de cause à effet qui existe entre ce que nous faisons (et disons) et leurs résultats *(Gal. 6 v 7-10)*. Nous sommes illuminés sur le fait qu'il ne peut y avoir de bons effets sans bonnes causes.

Prise spirituellement, cette loi s'applique également au ministère. Dans l'application spirituelle que je fais de la loi de la semence et de la moisson au ministère, je compte m'accentuer sur trois principes fondamentaux. Ce sont, justement, le principe de la semence et de l'œuvre ; ensuite, le principe du champ ; et enfin, le principe du temps.

Le principe de la semence

La semence est naturellement ce qui est mis en terre dans l'espoir qu'il repoussera et produira. Il y a beaucoup d'agriculteurs expérimentés dans le monde, qui savent pratiquement tout sur l'agriculture. Mais jamais aucun d'entre eux ne peut prétendre pouvoir récolter dans un champ où il n'a jamais rien semé. Si un agriculteur, quel que soit le niveau de technologie que possède son pays, vous disait qu'il va moissonner du riz sans qu'il n'ait jamais semé de riz, vous lui diriez rapidement : vous vous moquez de moi ? Vous lui diriez cela parce que vous savez pertinemment qu'on ne peut récolter que quand on a semé, et que ce qu'on a semé. C'est de même dans n'importe quel autre domaine de la vie. Il ne peut y avoir de moisson, c'est-à-dire de résultat, sans qu'il y ait auparavant de semence. On doit semer si on veut récolter, et ce qu'on veut récolter. Il ne peut y avoir de résultat sans travail. Il ne peut y avoir que le résultat du travail qui a été fait.

« ...ce qu'un homme aura semé, il le moissonnera aussi (Gal. 6 v 7b) » nous dit la bible. Dans le ministère, la semence est spirituelle. C'est ce qu'on dépose dans la vie des gens au niveau de l'enseignement, de la révélation, et même du modèle, ou investit dans le champ de Dieu. La qualité de la moisson dépend de la qualité de la semence, et de l'œuvre en général qui a été faite. La qualité des résultats qui seront aussi produits dans la vie des gens dépend également de la qualité de ce qui y a été déposé, et de l'œuvre qui y a été faite.

L'Apôtre Paul disait à Timothée : « *Veille sur toi-même et sur ton enseignement (ce qu'il dépose dans la vie des gens) ; ...car en agissant ainsi... tu sauveras ceux qui t'écoutent (1 Tim. 4 v 16).* » Alors, chers pasteurs, ministres et ouvriers du Seigneur, que faites-vous ? Qu'êtes-vous en train de déposer dans la vie des gens qui reçoivent de vos ministères, ou vers qui vous êtes envoyés? Qu'est-ce donc investissez-vous dans le champ de Dieu ? Je veux dire, quelle est la qualité de vos œuvres ? Il est capital que vous sachiez que « *celui qui fournit de la semence au semeur* » c'est Dieu *(2 Cor. 9 v 10)*. C'est donc lui qui devrait vous donner des choses précises à faire. C'est donc lui qui devrait vous donner des révélations à partager avec son peuple. C'est donc lui qui devrait vous fournir votre semence. Le Seigneur Jésus dit à Philippe : « *les paroles que je vous dis, **je ne les dis pas de moi-même** (Jn. 14 v 10)* », et au Père : « *Je t'ai glorifié sur la terre, j'ai achevé l'œuvre **que tu m'as donné à faire** (Jn. 17 v 4).* »

Ne choisissez pas vous-mêmes la semence. C'est la première condition sine qua nun pour que votre semence soit de qualité.

Deuxièmement, la façon dont vous semez votre semence doit être conforme à ces deux groupes de principes : les principes du logos et les principes du rhéma. L'Eternel a dit à Josué : « *Fortifie toi seulement, et aie bon courage, **en agissant fidèlement selon toute la loi** que Moïse, mon serviteur, t'a prescrite ; **ne t'en détourne ni à droite ni à gauche, afin de réussir dans tout ce que tu entreprendras**. Que ce livre de la loi ne s'éloigne point de ta bouche ; médite-le jour et nuit, **pour agir fidèlement selon tout ce qui y est écrit. C'est alors que tu auras du succès dans tes entreprises, c'est alors que tu réussiras** (Jos. 1 v 7, 8).* »

Que disent les Ecritures ? Voilà la question que vous devez toujours vous poser, et dont vous devez chercher la réponse.

Les rhémas de Dieu sont toutes les paroles ou instructions de Dieu reçues directement ou par un intermédiaire. Ils définissent tellement de choses ! Ils peuvent définir des directives de Dieu dont vous ayez besoin, des limites, des principes et tant d'autres choses. C'est par rhéma que Paul sut que Dieu ne l'avait pas envoyé pour baptiser, mais pour annoncer son Evangile *(1 Cor. 1 v 18)* ; c'est par rhéma qu'il sut aussi qu'il a été envoyé aux païens plutôt qu'aux juifs *(Ac. 22 v 21 ; 26 v 17, 18)*.

Recherchez donc les rhémas de Dieu, et soumettez-vous y. laissez ainsi le Seigneur diriger vos pas, car, dit le prophète « *La voie de l'homme n'est pas en son pouvoir;* ***ce n'est pas à l'homme quand il marche à diriger ses pas (Jér. 10 v 23)*** »

Le principe du champ

« *Ayant **été empêchés par le Saint-Esprit** d'annoncer la parole dans l'Asie, ils traversèrent la Phrygie et le pays de Galatie. Arrivés près de la Mysie, ils se disposaient à entrer en Bithynie ; **mais l'Esprit de Jésus ne le leur permit pas.** Ils franchirent alors la Mysie, et descendirent à Troas. **Pendant la nuit, Paul eut une vision** :...(Ac. 16 v 6-9)* » Il est de la plus grande importance de savoir dans quel champ semer. En effet, le type et la qualité du terrain ne seront pas sans incidence sur la qualité de la récolte. Tout vrai agriculteur le sait bien. Le champ doit être choisi en fonction de ce que l'on veut cultiver ou de la semence dont on dispose.

Comme nous le montrent clairement les versets susmentionnés, c'est au Seigneur, par son Saint-Esprit, de décider du champ. La semence dont nous disposons, c'est lui qui nous l'a fournie. Lui seul sait à quel champ elle convient, et d'ailleurs, il la lui avait destinée. C'est pourquoi, quand Paul et son équipe apostolique eurent voulu annoncer la parole dans l'Asie, le Saint-Esprit a dû le leur empêcher. Et, après qu'ils eurent traversé toute la Phrygie et le pays de la Galatie, ils se disposèrent à entrer en Bithynie, « *mais, l'Esprit de Jésus ne le leur permit pas.* » Ce n'est qu'à Troas que, dans une vision, Paul comprit qu'il voulait qu'ils aillent semer dans Macédoine.

Où le Seigneur veut-il que nous semions ? C'est ce que nous devons savoir. Semons, œuvrons là où le Seigneur veut que nous le fassions, aussi désertique et infertile que ce terrain puisse paraître à nos yeux. Car, quand nous faisons confiance au Seigneur, et lui sommes fidèles, le désert, sous nos yeux, sera bien arrosé ; des sources y jailliront ; et d'abondants fruits s'y trouveront.

En fait, le champ peut-être le secteur du Corps de Christ, ou la région du monde où nous sommes divinement appelés à œuvrer. Toujours est-il que plusieurs ministres choisissent par eux-mêmes leurs champs, étant motivés par autre chose que l'amour du Seigneur qui procure le plaisir de le servir de manière pleinement désintéressée, n'importe quand et n'importe où. Voilà pourquoi en cette saison, des théologiens, des hommes d'églises, nous n'en manquons pas. Mais des hommes de Dieu, pour qui la cause et l'opprobre de Christ passent en premier se raréfient de plus en plus. Je veux parler d'hommes (et de femmes) qui se disent à eux-mêmes et l'un à l'autre : « *Sortons donc pour aller à lui hors du camp, en portant son opprobre (Hb. 13 v 13).* » Je veux parler d'hommes pour qui *l'opprobre de Christ est une richesse plus grande que tous les trésors* du monde et de la religion, car ils ont *les yeux fixés sur la rémunération (Hé. 11 v 26).*

Voulez-vous vraiment être efficaces dans votre œuvre ? Tâchez de chercher à savoir où le Seigneur veut que vous remplissiez votre ministère, et travaillez-y de mieux en mieux.

Le principe du temps

« *Quel est donc le serviteur fidèle, que le maître a établi sur ses gens pour leur donné la nourriture **au temps convenable** ? (Mt. 24 v 45)* » ; « *Il y a un temps pour tout, un temps pour toute chose sous les cieux :... un temps pour planter... (Ecc. 3 v 1, 2).* »

Il y a en effet, cette histoire de saison dans la culture qu'il faut que tous les agriculteurs respectent scrupuleusement. Car, semer sans tenir compte de la saison serait travailler presqu'en vain. Chaque culture a sa saison, et, ne pas respecter cela reviendrait à vouloir être obligé plus tard d'accuser à tort le terrain ou la semence, sans qu'ils y soient réellement pour quelque chose dans le gâchis que votre propre ignorance ou votre négligence a occasionné.

De même dans le ministère, le Seigneur s'attend à ce que vous déposiez ce qu'il vous a donné dans la vie des gens, à ce que vous investissiez dans son champ au temps convenable. Le Serviteur se voit établi par son maître sur les gens, pour leur donner la nourriture **au temps convenable**, et non seulement pour leur donner la nourriture.

En laissant passer ce temps, et en se mettant plutôt à se réjouir et à maltraiter ceux qui sont placés sous sa garde, il fait preuve d'infidélité et d'irrespect à l'égard de son maître. N'est-il pas écrit : « *Maudit soit celui qui fait l'œuvre de l'Eternel avec négligence... (Jér. 48 v 10) ?* »

Quand vous auriez dû faire quelque chose en un temps prévu par Dieu, et que, par négligence, vous ne l'avez pas faite, croyez-moi, sa qualité est automatiquement altérée ; et elle ne pourra plus plaire au Seigneur. « *Ayez du zèle, non de la paresse. Soyez fervents d'esprit. Servez le Seigneur. (Rom. 12 v 11)* »

Quand vous aurez fait ainsi votre ministère, c'est-à-dire, suivant les règles, le Seigneur s'assurera lui-même de toujours vous soutenir et de confirmer votre appel, gagnant ainsi des autres, la confiance que vous avez besoin qu'ils placent en vous, car cela joue aussi un très grand rôle dans l'efficacité ministérielle. Il les illuminera lui-même sur ce que vous avez de supérieur et de divin en vous, se révélant et agissant d'une manière particulière par votre entremise. Il le fera exactement comme il l'a fait pour Moïse : « *L'Eternel dit à Moïse : Voici je viendrai à toi dans une épaisse nuée, **afin que le peuple entende quand je te parlerai, et qu'il ait toujours confiance en toi**... (Ex. 19 v 9).* »

De toute évidence, l'Eternel savait que Moïse avait besoin de la confiance du peuple, sans laquelle il ne lui obéirait pas, et ne le suivrait pas. C'est pourquoi, d'emblée, il lui avait donné des signes surnaturels qu'il devait produire en Egypte et en leur présence, pour démontrer l'authenticité divine de ses propos, et de la mission qu'il affirmait avoir.

Le diable est menteur ! Le temps est venu ! Soyez réveillés ! Soyez restaurés ! Et soyez pertinents !

VIASA (Vision Apostolique pour la Saison) est un réseau apostolique de ministres et de ministères partageant la vision décrite dans cet ouvrage, et dont l'Apôtre Wiftherlin Léon est le visionnaire. Nous soutenons le même combat, et nous nous complétons mutuellement. Si donc vous aussi, vous partagez cette vision, et souhaitez intégrer le réseau, veuillez appeler le +509 4288 5280, +509 3810 8074. Vous pouvez également envoyer un mail à ses adresses mail : leonwifterlin@yahoo.fr/apotrewiftherlin@gmail.com.

L'Apôtre Wiftherlin Léon s'engage aussi comme consultant ecclésiastique et coach ministériel. Croyant qu'il se doit à tous, il offre ses services n'importe quand et n'importe où.

Table des Matières

Remerciements et Dédicaces 2

Témoignages 5

Introduction 8

Définition de L'Eglise 11
    La dimension spirituelle 11
    La dimension locale 12

Une Eglise, Une Vision 14
    Présentation de la Vision 14

Une Eglise, Un Fondement 18
    Un Edifice "Révélationnel" 20

Une Eglise, Une Structure 24
    Les Cinq Dons de Christ 25
        L'Apôtre 26
        Le Prophète 30
        Le Docteur 33
        L'Evangéliste 35
        Le Pasteur 36
    L'Organisation de l'Assemblée Locale 38
        L'Ancien ou Evêque 38
        Les Anciens dans l'Eglise 40
        Le Diacre 43
    Les Dons de L'Esprit 44
        Comment découvrir son don 48

Pour une Pleine Entrée dans sa Destinée 50

La Conscience	51
La connaissance	54
La vision	55
L'intelligence	57
Pour un Ministère Efficace	60
L'appel	62
Le temps	63
L'onction	64
Les obligations	67

I want morebooks!

Buy your books fast and straightforward online - at one of the world's fastest growing online book stores! Environmentally sound due to Print-on-Demand technologies.

Buy your books online at
www.get-morebooks.com

Achetez vos livres en ligne, vite et bien, sur l'une des librairies en ligne les plus performantes au monde!
En protégeant nos ressources et notre environnement grâce à l'impression à la demande.

La librairie en ligne pour acheter plus vite
www.morebooks.fr

OmniScriptum Marketing DEU GmbH
Heinrich-Böcking-Str. 6-8
D - 66121 Saarbrücken
Telefax: +49 681 93 81 567-9

info@omniscriptum.com
www.omniscriptum.com

www.ingramcontent.com/pod-product-compliance
Lightning Source LLC
Chambersburg PA
CBHW031644170426
43195CB00035B/577